JN410337

흑백추억

이두애 글 · 사진

도서출판 경남

추억할 것이 없다는 건

슬픈 일이다

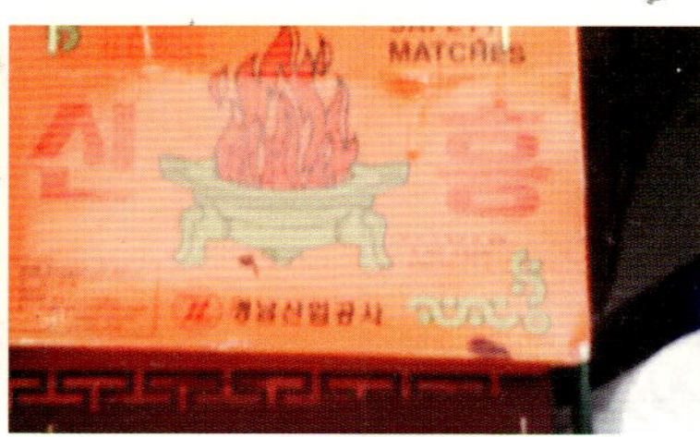

이두애 글 · 사진

여는글

누구로부터 선물을 받는다면 시간을 간직한 시계를 받고 싶다. 이유를 말하라면 시간 속에는 추억이 있고, 기억 속 사라지는 것들을 정리할 수 있는 틈을 마련해 주기 때문이다. 한결같고 정확한 힘을 가지고 있는 시계는 24시간 쉬지 않고 계단 오르기를 반복한다. 현재의 계단 위에서 지금 이 순간을 기억하고 기록해 두었다. 무엇보다도 나태하고 게으른 나를 채찍질한 배당된 시간이었다. 책 속의 장소는 추억이 머무는 자리이고, 물건들은 추억속의 기억들로 정리해 보았다. 나의 유년시절이 묻어 있는 이야기로 현재에도 공존하며 추억할 수 있는 소재들로 꾸몄다.

현재가 존재하는 이유는 과거가 존재하기 때문이다. 옛 흔적들을 어떤 이유에서든지 조금이라도 알고 있다는 것은 의미 있는 일이다. 오래되지 않아도 책장을 넘기면 추억처럼 어렴풋한 생각들이 정리되곤 한다. 그래서 긴 시간을 이어온 건물이나 물건들은 역사 자료로 고스란히 기록된다. 현대는 복원하는 문화들이 많아졌다. 사라졌던 영도다리를 복원시키는 것을 봄으로써 옛것에 관심이 더욱 갔었고, 사라져버릴 주변의 일상들을 찾아 나섰다. 사라져가는 문화들은 사람이 태어나고 죽는 것처럼 언젠가는 변하고 볼 수 없는 것들도 많다. 평소 거리를 가다보면 예스러운 물건이 있는 곳이면 발걸음을 멈추곤 했다. 거기에는 어릴 적 웃음도 있고 눈물도 있어 그냥 지나칠 수 없는 추억이 많았다.

나의 고향은 부산 영도이다. 6살까지 살았던 곳이다. 어렴풋한 기억을 시작으로 고향 이야기부터 먼저 하련다. 한 지붕 아래 대여섯 가구가 셋방살이를 하며 살았다. 주인집은 나무마루가 있고 방도 2개가 되었는데, 세 들어 사는 사람들은 방 하나에 부엌 하나가 딸렸다. 마당 안의 수돗가는 여러 사람들이 아침이나 저녁이면 만난다. 우물도 있고 수도꼭지도 있었던 걸로 기억한다. 여름에는 눈치를 보면서 등목을 하는 아저씨도 있었다. 삼촌, 아제, 이모, 오빠, 언니 호칭들을 들으면서 대가족처럼 모여 살았던 형태였다.

어느 날 내가 태어났던 고향과 살았던 곳의 골목들을 두리번거렸다. 60~70년대 흑백 추억들이 대부분 기억 속에 남아 있다. 어릴 적 옛 생각이 되살아나고 내 삶 속에 묻어 있는 물건들도 떠올려 보았다. 지난 일들을 돌이켜보니 수수한 나의 삶은 또 다른 추억이 되었다. 책장에 누렇게 갈색으로 변한 책들을 뒤적여 보니 책 특유의 냄새가 났다. 그 당시 책을 사서 읽게 된 이유들이 또렷한 이야기가 된다. 시간이 지나도 분명히 책 속의 활자들은 검고 선명하다. 다시 읽을 수 있고 시간을 거슬러 가면 묵은 향기가 더해져 정겨움이 있다.

자료를 수집하기 위해 답사를 가고, 사람을 만나면서 추억을 더듬어 생생한 글을 남기고 싶었다. 그 당시에는 물건들의 값어치를 모르고 사용만 했던 물건들이 있었다. 부서지면 새것으로 바꾸고 소중히 여길 줄 몰랐던 물건들이 많았다. 지나고 보니 어떤 것들은 이미 귀한 자료로 과거와 역사를 이야기할 수 있게 한다. 평소 어떤 것이 궁금해서 불쑥 달려가는 것이 나의 여행이다. 5일장 구경을 다니고 박물관이나 전시장을 다녔다. 낯선 곳이라도 사람 사는 곳이어서 정겨움이 메마르지 않은 곳임에 틀림없었다. 반겨줄 사람이 있다면 더없이 흐뭇하고 반가운 일이었다.

흔적을 남기기 위해 기록하고 보관을 위해 전문적인 기관이나 사람들이 공부하고 노력해 왔다. 어느 한쪽도 없다면 언젠가는 자료를 찾지 못할 일이다. 새로운 것은 편리함만 더해질 뿐 옛 흔적을 당장은 찾기 어렵다. 머리를 갸우뚱할 일들은 누군가가 자료를 기록해 두어서 참고가 된다. 그래서 시간은 어떤 보물을 품은 고귀한 것인 줄 모른다. 자연스럽게 변하고 있는 모습을 담으려면 많은 시간이 필요하다. 내 글 속의 시간들은 평범한 47년 동안의 시간이다. 긴 시간은 아니지만 나의 인생에서는 지금이 가장 긴 시간이다. 그래서 나만의 소박한 추억을 정리해두고 싶었다. 세상에는 3개의 금인 순금, 소금, 지금 있다고 말한다. 순위를 정하기 힘든 소중한 금들이다. 소중하고 필요한 존재로 희로애락이 담긴 지금을 즐기는 삶은 풍부하고 즐거운 인생이 된다.

사람은 지난 세월 속에 흑백 추억을 간직하고 살아간다. 60년대 출생한 사람들은 삐삐, 휴대폰의 변화 등 급속도로 변해가는 통신문화에 민감한 세대이다. 라디오를 텔레비전처럼 여겼던 시절, 카메라와 컴퓨터가 없던 시절 그런 시간이 있었다. 물질이 풍부해짐을 피부로 느끼면서 강산이 몇 번 변함을 느낀다. 지금은 무궁화호, 새마을호, KTX를 선택해서 편리하게 이용하지만 처음 탔던 비둘기호를 아직 잊지 않고 있다. 의 · 식 · 주 변화에는 다양한 사회문화가 존재한다. 문화 속에 사람들은 각자 소중한 추억을 회상하며 살아간다.

사진을 찍어 와서 편집하고 저장하는 시간은 즐거웠다. 같은 곳을 두 번 가보는 여행 기분이 들었다. 글 속에는 기억하는 노래 가사와 몇 편의 시를 추억과 함께 떠올려 소개해 보았다. 간혹 기록사진은 참고사진임을 밝힌다. 이 책의 사진 자료들이 지금은 화사한 칼라일지라도 후에는 흑백으로 변할 것이다. 사진은 그래서 더 아름다운 사연이 숨어 있다. 사람만 나이를 먹고 변해가는 것이 아니라 세상 어떤 것들도 같이 변해 간다. 나름 흑백 추억을 정리하는 시간은 중년의 삶이 교차하는 소중한 시간이었다. 가을의 정취가 깊어지는 이 계절에 조금이나마 성숙해지는 나를 그려본다.

이 책을 읽으시는 독자님들의 흑백 추억도 앨범에 담아 보시기 바랍니다.

2014년 시월에

이 두 애

차례

추억이 머무는 자리

이두애 글 · 사진

추억 속의 기억들

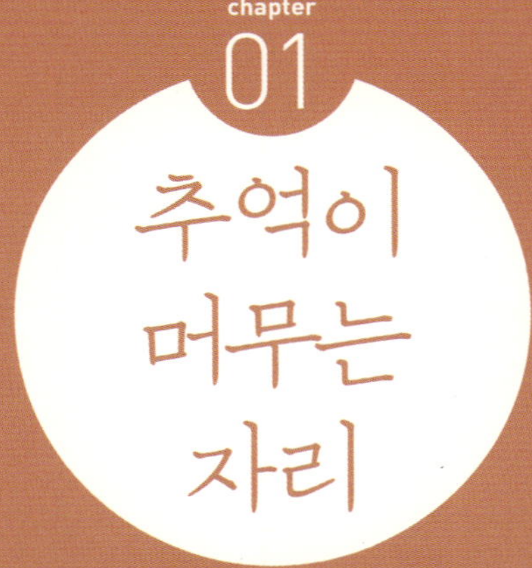

chapter

01

추억이 머무는 자리

영도대교

백제병원

사상(괘법)
행복벽화마을 고샅길

사상초등학교

창녕 교동과
송현동 고분군

진해 흑백다방

합천테마파크

합천 대병면 대지리
감골부락 외시마을

청도장

정겨운 역

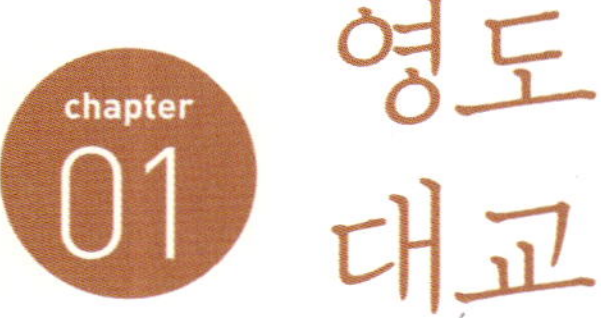

영도 대교

이두애 글 · 사진

영도대교〔影島大橋, Yeongdo bridge〕는 1934년 11월 23일에 길이 약 214.63m 너비 약 18m로 준공되었다. 부산광역시 중구와 영도구를 연결하며, 일제시대와 전쟁의 수탈과 애환 그리고 이산과 실향의 역사가 담겨 있는 다리이다. 개통 당시는 다리 이름이 부산대교였으나, 1980년 1월 30일 부산대교가 개통되어 영도대교로 이름이 바뀌었다.

기존의 영도대교가 노후화되면서 안정성이 문제가 되어 기존 대교를 철거하고 도개식 교량으로 복원했다. 복원된 영도대교는 매일 낮 12시부터 15분 동안 교량 상판이 들어올려 진다. 들어 지는 다리의 길이는 31.3m, 무게는 590톤으로, 2분여 만에 75도 각도로 세워진다. 15분 동안 교통이 통제되는 것이다. 내가 찾아간 날도 자갈치 주변에서부터 관광차가 모여 있었다. 일찍부터 모여든 인파들이 울긋불긋 마치 가을 산을 이루었다. 이 모습을 지켜보기 위해 전국에서 관광객이 모여든다. 신기한 광경이다. 복원된 모습을 보면서 15분 동안 그 시대를 추억하는 명상의 시간이 된다. 하루 중 다리에 사람들이 가장 많이 모여 있는 모습 또한 한낮의 명장면이다.

영도는 내가 태어난 곳이다. 복원된 영도다리를 구경하고 영도(신선동)를 다시 찾아보게 되었다. 너무 어려서 어렴풋이 살아나는 추억뿐이다. 자갈치, 남포동, 국제시장을 가다 오다 어머니 손을 잡고 바다를 바라보고 노래를 부른 기억 같은 것이다. 그 노래가 동요가 아닌 조미미의 〈바다가 육지라면〉이었다. 어린 나이에 그 노래를 잘 불렀다고 한다. 그 시절은 집집마다 텔레비전이 없었고 라디오가 많았다. 어머니가 라디오를 들으실 때 난 라디오 앞으로 와 방바닥에 배를 깔고 엎드려서 조미미, 이미자의 노래를 즐겨 들었다고 어머니는 말씀해 주셨다. 그래서 명절 때 친척 어른들 앞에서 〈바다가 육지라면〉 노래를 불러 돈도 받고 귀여움도 많이 받았다. 그때는 뜻도 모르고 불렀던 노래가 아닌가! 영도 바다가 아니라도 바다를 바라보면 저절로 불러지는 노래이다. 가사를 한번 음미해 보고 싶다.

바다가 육지라면

얼마나 멀고 먼지 그리운 서울은
파도가 길을 막아 가고파도 못 갑니다
바다가 육지라면 바다가 육지라면
배 떠난 부두에서 울고 있지 않을 것을
아 ~ 아 ~ 바다가 육지라면
눈물은 없었을 것을

어제 온 연락선은 육지로 가는데
할 말이 하도 많아 목이 메어 못 합니다
이 몸이 철새라면 이 몸이 철새라면
뱃길에 훨훨 날아 어데든지 가련만은
아 ~ 아 ~ 바다가 육지라면
이별은 없었을 것을

이두애 글 · 사진

영도다리로 나는 익숙하다. 5~6살 때쯤 아버지, 어머니 손을 잡고 다리를 건너다녔다. 아이들이 말을 듣지 않고 울 때 다리 밑에 버린다는 둥, 다리 밑에서 주워왔다고 어른들이 말씀하곤 하셨다. 왜 그런지 참 재미있는 이야기다. 그때는 어떤 이유도 모르는 철부지였다. 지금 생각하니 살기 힘들었던 그 시대를 이야기하는 현실이었을 것으로 생각된다. 다리를 건너고 사진을 찍으면서 바다를 하염없이 바라보았다. 살았던 집을 찾아 신선동으로 이동했다. 주변은 많이 변해 좀처럼 기억이 나질 않아 부모님께 여쭤 보았다. 현재 집은 새로 지어졌다. 6살 때 고향을 떠났지만 오랜 시간이 흐르지 않은 기분이다. 고향을 찾아오니 아는 사람은 없고 나는 갈매기만이 반겨주었다.

보물섬 영도다리를 소개하면 이렇다. 영도대교가 개통되고 1년 뒤 1935년 2월부터 전차가 교량 위로 다녔다고 한다. 다리가 개통될 당시 육지(중앙동) 쪽 다리 31.30m를 하루 2~7차례 들어 올렸으며, 도개 속도는 고속(1분 30초), 저속(4분) 2가지가 있었다. 개통 이후 교통량의 급증으로 도개 횟수를 점차 축소하다가 1966년 도개 중단 직전에는 오전 · 오후 각 1회씩 여닫았다. 교량이 고정된 이듬해 1967년 5월 2일 도개가 폐쇄되었다고 한다. 1967년은 내가 태어난 해라 더욱 의미가 부여된다.

이두애 글 · 사진

추억의 영도다리
이별의 영도다리
눈물의 영도다리

추억의 영도다리, 이별의 영도다리, 눈물의 영도다리로 수식되고 있다. 그리움, 아픔, 가난, 피난 잊어버릴 수 없는 영원히 지울 수 없는 삶이 묻어 있는 곳이다. 피난민들이 생계를 유지하는 수단 중의 하나로 '용달' 이라는 직업이 있었다 한다. 심부름 같은 것인데 지금의 퀵서비스와 같은 맥락이다. 용두산 공원 길거리에 많았으며 용달이라는 두 글자를 적은 종이를 앞에 두고 앉아 있으면 심부름 시킬 사람이 와 용달을 이용한다고 한다. 영도다리 드는 시간을 계산하지 않고 또 잘 모르고 심부름을 하다가 늦어지는 경우가 많았다. 물건을 전해주고 오면 주인은 돈도 주지 않고 가버린 경우가 많았다 한다. 용달맨은 영도다리가 원망스러울 것이다. 어렵게 살아가는 사람들, 다리로 인한 애환을 가진 많은 사람들이 스쳐간다.

영도대교 부근에는 당시 부산 제일의 명물이었던 도개식 영도대교의 역사적 사실을 전하기 위한 '도개식 영도대교 기념비' 와 6·25 당시 피란민들의 애환을 달래주었던 대중가요 〈굳세어라 금순아〉의 시대적 배경을 담아 건립된 '현인 노래비' 등이 있어 지나는 사람들로 하여금 아련한 향수를 느끼게 한다. 노래도 흘러나와 부르면서 지나는 사람도 있었다.

눈보라가 휘날리는 바람 찬 흥남부두에
목을 놓아 불러봤다 찾아를 봤다
금순아 어디로 가고 길을 잃고 헤매었던가
피눈물을 흘리면서 일사 이후 나 홀로 왔다

일가친척 없는 몸이 지금은 무엇을 하나
이내 몸은 국제시장 장사치기다
금순아 보고 싶구나 고향 꿈도 그리워진다
영도다리 난간 위에 초생달만 외로이 떴다

영도대교는 부산광역시기념물 제56호이다. 일제강점기에 건설된 부산 최초 연륙교이자 대한민국 최초의 도개식 가동교이다. 한국전쟁 피란민들의 망향 슬픔을 달래고 헤어진 가족이 다시 만나는 다리이다. 영도다리축제가 해마다 9월이면 남항대교 수변공원 일원에서 열린다. 역사적 전통과 현대적 가치가 담겨진 문화관광 축제이다. 그중 영도다리가요제는 볼 만한 가요제이다. 언제든지 바다가 그리워지면 찾아갈 수 있는 아름다운 고향이다. 크나큰 배들이 바다를 지키듯이 버티고 있다. 다시 찾고 싶은 영원한 추억의 명소로 남는다. 갈매기 떼 나는 곳 동백꽃도 피는 곳 아아 너와 나의 부산 영원하리. 부산의 노래가 맴돈다.

chapter 01

백제 병원

1950년 백제병원

이두애 글 · 사진

부산광역시 근대건조물이다. 1922년 한국인이 설립한 서양식 5층 건물로 부산 최초의 근대식 개인종합병원인 백제병원으로 사용되었던 건물이다. 1932년에 병원이 문을 닫고 난 뒤 건물의 주인은 부산의 역사와 함께 변해왔다.

사람은 태어나면서부터 성장기를 거쳐 어른이 되기까지 오랜 시간이 걸린다. 뿐만 아니라 학생 신분, 직업생활, 가족생활, 노년기 이렇게 한 사람의 역사가 80년 이상을 사는 동안 숙명처럼 변하고 따라다닌다. 한 건물의 주인이 여러 번 바뀌면서 건물의 운명도 달리한 역사가 고스란히 남아 있는 백제 병원을 찾았다. 건물의 운명은 부산이라는 지역의 특성과 같이 변해 왔으며 100년의 체취를 담고 있다. 봉래각이란 중국 요리집에서 일본 아까즈끼부대의 장교 숙소를 거쳐 해방 뒤 치안대사무소, 중화민국영사관으로 주인이 바뀌었다. 1953년에는 신세계예식장으로 운영되다 1972년 화재로 건물 내 일부를 태웠으며, 이후 5층 부분이 철거되고 현재 4층 일반상가로 유지되고 있다.

부산에 가려면 기차를 타고 부산역으로 많이 간다. 역 광장에서 눈에 들어오는 맞은편 산동네 주택가는 오래된 부산 사람들 삶의 이야기가 있는 곳이다. 부산역 광장에서 도로를 건너면 초량 이바구길이 유명하다. 백제병원 건물은 이바구길 가는 길목에 위치한다. 조금 걸어가다 보면 제법 큰 빨간 벽돌 건물이 눈에 들어온다. 빨간 벽돌에 '부산광역시(지정) 근대건조물'이라는 황금빛 표지판이 붙어 있다. 옆에는 입석표지판도 있었다. 이바구길 인기를 타고 백제병원을 찾는 사람들도 많이 있다고 한다. 부산 최초의

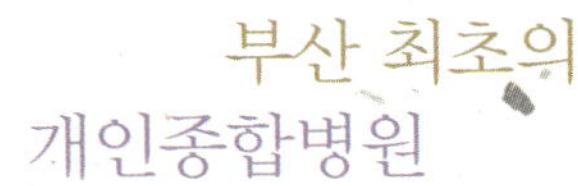

부산 최초의 개인종합병원

근대식 개인종합병원인 옛 백제병원 건물은 부산 동구 부산역 맞은편 골목에 위치한다. 지하 1층, 지상 4층 규모다. 원래 지상 5층이었지만 1972년 불이 나 5층은 소실됐다. 1922년 완공된 이 건물은 부산을 대표하는 근대 건축물 가운데 하나다.

찾아간 날 백제병원 건물은 내부 개조 작업을 하고 있었다. 도착을 해서 주변을 둘러보고 있는데 공사 일을 하는 사람들이 왔다 갔다 했다. 공사하는 아저씨께 몇 마디 물어보고 있는데 어떤 중년의 여성분이 오셨다. 지금의 건물 주인이셨다. 인사를 나누고 찾아온 이유를 설명하니 건물 안으로 들어오라고 하셨다. 겉모습만 보고 돌아오나 걱정했는데 가는 날이 장날이었는지 백제병원

이야기며 내부를 자세히 볼 수 있었다. 1~2층은 내부 새 단장을 위한 정리 작업이 한창이었다. 삐걱거리는 계단을, 바닥을 밟으며 방마다 들여다보고 오래된 건물의 곰팡이 냄새도 맡을 수 있었다. 3~4층은 일부를 고쳐 사무실로 쓰고 있었다. 옥상까지 올라가 보니 그때 당시에는 이곳 주변을 내려 볼 수 있는 높은 위치로 추적된다. 1950년대는 주변의 부산 바다가 크게 펼쳐진 모습도 상상되었다.

나는 궁금한 거 하나씩 질문을 했다. 먼저 부모님께 물려받은 재산이냐고 물어보았다. 그렇지 않았다. 그는 2009년 이 건물을 사들였다. 평소 옛것에 관심이 많고 부산을 사랑하는 마음이 보통

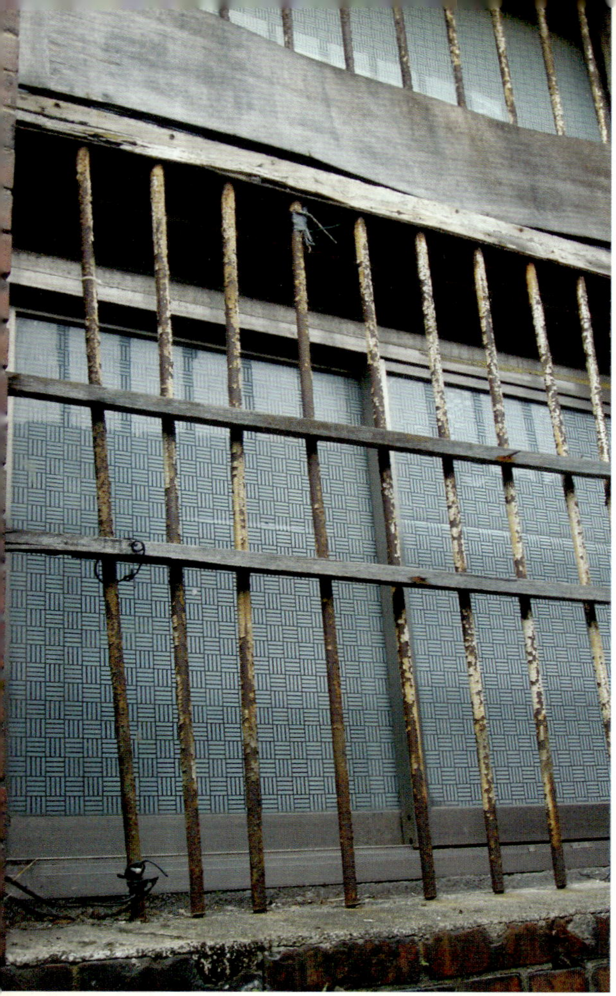

사람과 달랐다. 가족의 반대를 무릅쓰고 매입을 서둘렀다고 했다. 부산의 중요한 근대건축물이라 당연히 누군가 보존하겠지 했는데, 백제병원 바로 옆의 근대유물 남선창고가 2009년 허망하게 철거되는 모습을 보고 생각이 달라졌다고 말했다. 그래서 당시 서울에 살던 건물 소유주께 남편과 함께 찾아가 건물을 자신에게 팔라고 당부했다고 말했다.

건물을 매입하기 까지 우여곡절이 많았다며 이야기를 차근차근

이두애 글 · 사진

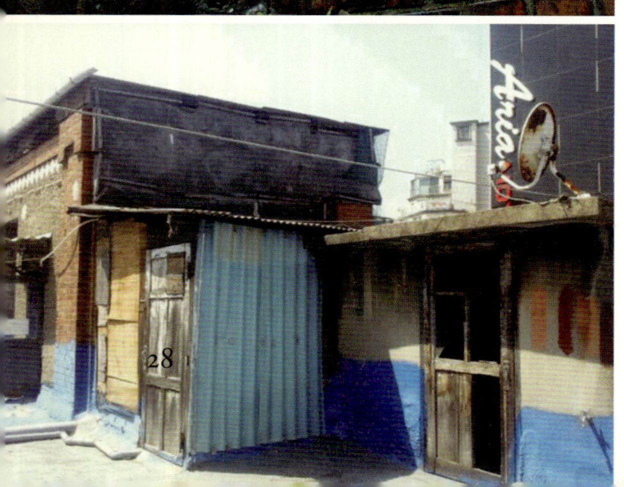

들려주었다.

백제병원 담장 바로 옆에 위치한 남선창고의 수로 흔적이 병원의 외부에서 확인할 수 있었다. 당시는 생선의 비린내가 주변을 돌았을 것 같다. 남선창고는 초량의 객주들이 함경도 수산물(주로 명태)을 보관하고 낙동강 수운과 부산역을 통해 서울 등지로의 이송 목적으로 1900년에 만든 창고였다. 최초 명칭은 '회흥사' 였다고 한다. 1914년 경원선 철도의 부설에 따라 함경도 수산물이 서울로 직송되면서 역할이 바뀌었고, 이에 따라 1926년에는 이름도 '남선창고' 로 변경되었다. 명태 건조와 보관을 위한 대나무 벽이 실내에 있었다고 한다. 습기 방지를 위해 바닥 수로와 펌프 시설을 설치했던 수산물 전문창고였다. 남선창고는 수산물 유통을 목적으로 조선인이 건립했던 창고이다. 2009년까지 부산지역에 현존했던 가장 오래된 최고의 근대식 창고였던 것이다.

100년 전의 집 속으로 들어와 건축자재, 창문틀, 바닥재료, 천장재료, 빛바랜 벽들을 둘러보았다. 특히 보일러 아궁이 보일러실이 별도로 지하에 있었다. 건물 안은 일본식 구조가 물씬 풍겼다. 오랫동안 벽 속에 묻힌 전깃줄을 따라 스위치를 찾아 불을 켜면서 둘러보았다. 뭐니 해도 처음 병원으로 쓰였던 흔적을 많이 느낄 수 있었다. 당시 입원실로 쓰였을 조금한 방이 인상 깊었다. 지하실 옆 외벽으로 남선창고 수로가 보였고 오래된 담과 창문틀이 녹슬어 있었다. 옛 건축구조를 그대로 살리면서 안전성을 확인하면서 개조를 하는 모습이었다. 옛 흔적을 살릴 수 있는 전시 보존 공간도 생각하고 있는 듯 보였다. 지하실에는 탁구선수가 등장하는 빛바랜 포스터가 아직 벽에 붙어 있었다. 예전에 탁구장으로 쓰인 적이 있다고 한다. 벽, 문, 계단은 옛 구조 그대로다. 과거와 현재가 공존하는 공간이다.

부산의 대표적 근대건축물 뚝심이 보였다. 부산시민의 추억이 살아있고 역사적으로도 중요한 이 건물을 함부로 할 수 없다고 말했다. 이미 문화재청에 백제병원 건물을 등록문화재로 지정해달라고 신청해둔 시점이었다. 백제병원 건물의 보존 계획을 구상하며 문화재로 남기고 싶은 마음을 털어놓았다. 전문가들 조언을 토대로 갤러리나 문화시설 운영 등 다양한 가능성을 열어놓고 보존 방안을 찾아가고 있는 중이었다. 지금 내가 본 백제건물이 후에는 건축의 역사, 부산의 역사, 현대건물의 역사를 한눈에 조명할 수 있도록 특수한 문화예술 테마공간이 마련되어 보존되길 기대해본다.

오래전 우연히 백제병원 이야기를 듣고 찾아보고 싶었던 곳이었다. 부산역 주변 차이나타운에서 자장면을 먹으러 간 적은 있지만 가까이 가서도 그냥 지나쳐왔다. 시간 내어 다음번에는 이바구길을 투어해 보련다. 좋은 명소는 어떤 인연으로 다시 찾게 된다. 친절히 안내도 해주시고 사진도 같이 찍으며 의미 있는 만남이었다. 덤으로 1950년에 어떤 미군이 찍은 당시의 백제병원 사진을 복사해서 주셨다. 가장 오래전 이 건물의 모습이다. 이 책이 나오면 선물로 한 권 드리겠다고 약속하며 돌아왔다.

chapter 01

사상(괘법) 행복벽화마을 고샅길

이두애 글 · 사진

2011년에 신라대학교 산학협력단과 예술연구소가 주관이 되어 작가와 시민이 함께 공공미술 프로젝트를 추진한 결과물이다. 일명 '고샅길(좁은 골목길) 프로젝트'다. 철길에 인접한 골목을 따라 늘어선 노후 주택의 담벼락은 캔버스가 됐다. 담벼락엔 이곳이 '무지개 뜨는 마을'이라는 별칭답게 무지개와 무지개 요정이 수없이 그려져 있다.

이두애 글·사진

누구나 자기가 가장 오래 살았던 곳을 잊지 못한다. 더구나 유년시절을 보낸 곳이라 많은 추억들로 아련하다. 어린 시절부터 결혼 전까지 살았던 곳인데 몇 년 전부터 친정에 가면 텃밭을 가다가 달라진 모습에 관심을 가지게 되었다. 벽화가 잘 단장된 괘법동마을 고샅길을 소개하려 한다. 그곳은 마을의 좁은 골목길을 한참 걸어가야 한다. 위로는 백양로가 있고 아래로는 번화가인 사상 상가지역이 밀집해 있지만 섬처럼 중간에 소외된 지역이다. 기찻길 옆 마을로 백양로 비탈진 부지에 집을 지어 천여 명의 주민이 살아가는 곳이다. 사상역 철길 밑 터널 2곳, 백양로 밑 터널 1곳, 육교 1곳이 마을 진입의 유출입 통로가 되고 있을 뿐이다. 지금 찾아보지 않으면 주변개발로 인해 주변이 사라질 듯싶었다.

몇 년 전부터 철길에 인접한 골목길을 따라 늘어선 노후 주택의 담벼락이 캔버스로 변했다. 담벼락엔 이곳이 "무지개 뜨는 마을"이라는 별칭답게 무지개와 무지개 요정이 수없이 그려져 있다. 마을 옹벽에는 아크릴로 된 국화꽃이 70m 옹벽을 수놓고 있다. 철로를 따라 설치된 방음벽엔 지역 초등학생 20여 명이 그린 마을 풍경 그림이 붙어 있는 벽 갤러리이다. 길은 종류도 많고 생긴 모양도 뜻도 다양하다. 어떤 곳에서 다른 곳으로 이동할 수 있도록 땅 위에 낸 일정한 너비의 길을 이야기하려 한다. 소리는 같아도 다른 의미로 많이 쓰이는 '길'을 인생에 비유하기도 한다. 골목길은 정겹고 누구에게나 하나쯤의 추억담이 있는 길이다. 언제부턴가 사라져가는 길이었는데 테마가 있는 길로 변신해 정겨움 가득하다.

초등학교를 다니기 시작할 때부터 이곳에서 살았다. 그 당시는 이곳 마을 아이들이 사상초등학교를 다녔는데 갑자기 학생 수가 늘어나 새로 지은 괘법초등학교로 가게 되었다. 학교를 가든지 목욕탕을 가기 위해서는 많이 걸어서 다녔다. 고등학교 시절에는 학교에서 자습을 하고 돌아오면 밤 10시가 넘어 버린다. 어머니께서 항상 버스 정류장 가까이 마중을 나오셨다. 육교는 초등학교 시절에 생겼는데 처음에 그곳으로 올라가 내려 보니 현기증이 나고 걸어 다니기가 무서웠다. 구름이 닿을 듯했는지 일명 구름다리로 알고 있다. 지금 보니 평범한 육교이지만 초등학교 시절에는 아주 크고 길게 느껴졌다. 집으로 오는 방법은 육교로 다니든지 한쪽으로 물이 흐르는 굴다리로 다녀야 했다. 굴다리는 어두워서 끝이 보이기를 기다리며 마음 졸이며 빨리 걸었다. 밤에는 누가 뒤따라오면 너무 무서워 걸음이 배로 빨라졌다.

정겨운
담벼락 캔버스

사상구 괘법동은 구한말 민족 교육기관인 “사립명진학교”가 있던 곳으로 당시 서부산권 교육의 발상지 가운데 한 곳이었으며, 현재는 국철 경부선(사상역), 부산~김해 경전철(사상역), 부산도시철도 2호선(사상역)과 인접한 광역 교통망의 핵심지라 할 수 있다. 그러나 현재 천여 명의 주민이 살고 있는 괘법 1, 2통은 경부선 철도와 백양로에 의해 동서로 갇힌 도시 내 섬으로 지리적, 문화적으로 소외된 지역으로 남아있다. 백양로에서 내려 보면 사상구는 거대한 도시 형상을 하고 있다. 부산 신발의 원조인 신라고무공업사가 설립되었으며, 뒤에 국제상사가 들어서서 세계적인 신발산업의 원산지가 된 곳이다.

괘법동이라는 지명은 1914년 일제시대 이곳의 ‘괘내리’와 ‘창법리’를 합쳐서 생긴 이름이다. 괘내천 물은 동네 배산인 삼각산 아래 현재 신라대학교가 들어서 있는 ‘가내골(개내골)’ 골짜기에 물방앗간이 있었던 ‘물방산 (물뱅이산)’ ‘수용골(물방앗골)’에서 흘러내려 현재의 사상역 앞을 지났다. 옛날 사상 명진학교 앞의 목을 거쳐 감전동 쪽으로 흘러 낙동대교의 북쪽장인도 배수문을 거쳐 현재의 낙동대교가 있는 곳으로 흘러내렸다. 괘내라는 지명은 옛날 마을 앞 나루터까지 바닷물이 들어왔던 갯가의 동네요, 냇물이 괴어 있는 동네라서 ‘괸내’였는데 ‘괘내’가 되었다는 풀이를 하고 있다. 그리고 창법리는 1872년(고종 8년) 제작된 경상도 지도에 나오는 사상면 사창이 있었던 〈창나루〉를 말한다고 전한다.

지금의 모습을 사진으로 담으면서 20년 넘는 동안의 사진 기록들이 개인적으로 없다는 게 아쉬웠다. 긴 시간 동안에 분명히 잊혀 지지 않는 일부터 즐거운 일, 많은 추억들이 묻어 있는 곳이다. 살았던 집은 고스란히 수리만 여러 번 했을 뿐 그대로 남아 있다. 아직도 살고 있는 사람은 내가 아는 사람도 있다. 쉽게 떠나지 못하는 사람들을 만나면 인사라도 드려야 할 것 같다. 나는 오늘 초등학생도 되어보고 중학생, 고등학생, 대학생, 직장인으로 살았었던 좁은 골목길에 발걸음을 멈춰본다.

chapter 01 사상초등학교

이두애 글 · 사진

1918년 4월 사립명진학교로 개교하였다. 현재 사상구 운산로 65(덕포동)에 위치하고 있으며 100년의 전통을 자랑하고 있다. 이순신 동상과 세종대왕 동상이 교정에 버티고 있으며, '사립명진학교私立明進學校' 라고 새겨진 석주도 나란히 세워져 있다.

사상 초등학교의 역사를 거슬러보면 이러한 사실이 전한다. 구한말 사상지역에 신교육을 실시하기 위하여 지역 유지들이 뜻을 모아 설립한 학교가 사립명진학교私立明進學校였다. 설립 연대는 구전으로 융희 3년(1909년)이라고 전한다. 그때 괘법동掛法洞에 건립한 학교 교문에 세워 놓았던 2개의 석주(돌기둥) 중 한 개는 '경상남도 부산부 사상면慶尙南道 釜山府 沙上面'으로 새겨져 있었는데 행방을 알 수 없다고 한다. 다른

이두애 글 · 사진

한 개는 마을의 개울에 걸쳐서 디딤돌로 사용하던 것을 뒤늦게 발견하여 이를 현재의 덕포동 소재 사상초등학교로 옮겨 놓았다고 한다.

나는 1980년 2월에 제60회 졸업생으로 사상국민학교를 졸업했다. 학급당 학생 수가 70여 명이었고 한 학년이 15반까지 있어 학생 수가 아주 많았었던 학교였다. 오전반, 오후반으로 나누어 수

그리운 친구여

이두애 글 · 사진

업을 했던 학년도 있었다. 도시락을 싸 다니고 급식을 신청하면 우유와 샌드위치가 나왔다. 육성회비(450원)도 내었다. 30년이 지나서 학교를 찾아보니 초등학생으로 돌아간 아이가 된다. 어릴 때는 내가 가 본 곳 중에 학교가 제일로 큰 건물로 기억된다. 운동장도 그렇게 클 수 없었다. 운동장은 모래운동장으로 바람이 불면 사막처럼 먼지투성이가 되었다. 성인이 되어서 운동장을 보니 작아 보이고, 교문도 그렇게 커 보이지 않았다. 지금의 학교운동장은 인조 잔디가 깔려 있었다. 학교 담벼락에는 벽화가 그려져 있고 교정에는 한 아름 이상의 플라타너스 나무와 느티나무가 그늘을 만들며 줄지어 서 있다. 나무 위로 올라가서 놀곤 했던 기억이 난다.

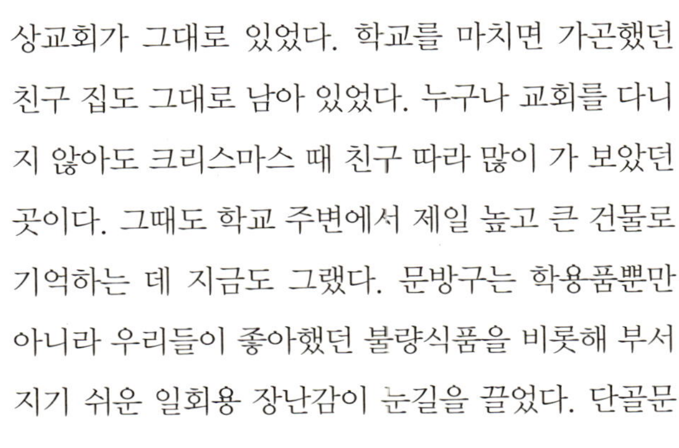

학교 주변에는 그 당시 많이 애용하고 드나들었던 문방구와 사상교회가 그대로 있었다. 학교를 마치면 가곤했던 친구 집도 그대로 남아 있었다. 누구나 교회를 다니지 않아도 크리스마스 때 친구 따라 많이 가 보았던 곳이다. 그때도 학교 주변에서 제일 높고 큰 건물로 기억하는 데 지금도 그랬다. 문방구는 학용품뿐만 아니라 우리들이 좋아했던 불량식품을 비롯해 부서지기 쉬운 일회용 장난감이 눈길을 끌었다. 단골문

방구 상호도 그대로였다. 문방구는 초등학생들에게 가장 인기 있는 곳이다. 학교 주변을 걷다보니 누군가 아는 사람을 만날 것 같았다. 같은 반 했던 친구를 만난다면 알아볼 수 있을까! 삼삼오오 짝을 지어서 다녔던 학교 담벼락 골목에는 애용하던 오락 단골집도 있었다. 쪽자나 뽑기를 했던 집도 있었는데 지금은 보이질 않는다. 학교 주변으로 도로를 사이에 두고 국제상사가 있었는데 지금은 공장이 이전하고 아파트가 들어서 있다. 가까이는 사상 팔경 중의 하나인 강선대가 있다. 그때는 당산이라고 불렀다.

6학년 3반 담임 선생님, 반장, 부반장, 개구쟁이 친구들이 있는 졸업앨범을 보니 기억이 되살아난다. 둥근 흰 칼라에 검은 교복, 폭이 넓은 바지들을 입었다. 모두 착해 보이는 흑백사진이다. 지금은 다들 열심히 중년이 되어 잘 살고 있을 듯하다. 아직도 사상에 살고 있는 친구도 있을 것이다. 아직까지 초등학교 동창을 만난다. 35년 동안 연락을 하고 지내는 친구는 어떤 친구들보다 우정이 깊다. 아침 조회시간이나 행사에 애국가와 같이 불렀던 교가는 지금도 부를 수 있을 만큼 맴돈다.

삼각산 머리 먼동이 틀 때 구덕재 흰 구름 오색이 영롱
낙동강 이편 팔경대 마저 강선대 저녁달 신비한 경치

우리 4형제 모두가 사상초등학교를 졸업했다. 그래서 동창이 되고 선후배가 된다. 강산이 몇 번 변해도 변하지 않고 묵묵히 자리하고 있는 추억장소가 오늘은 너무 작아 보인다. 운동장을 한 바퀴 돌아보니 6년의 초등학교 시절이 하나씩 살아난다. 일 학년은 가슴에 손수건을 달고 입학하고 이름표도 붙이고 운동장에서 입학식을 했다. 애국가를 부르고 교가를 부르고 공기놀이, 오자미던지기, 자전거타기, 체육복 입은 개구쟁이 친구들이 떠오른다. 잊혀 지지 않는 담임선생님 얼굴, 아마 많이 늙으셨을 것이다. 담임선생님께 '참 잘 했어요.' 검사 도장을 받은 날은 기쁘기 그지없다. 내게도 사랑하고 싶은 친구와 모교 교정이 그대로 있다. 뒤에서 나의 이름을 부르는 소리가 자꾸 들리는 듯하다.

chapter 01

창녕 교동과 송현동 고분군

이두애 글 · 사진

경상남도 창녕군 창녕읍 교리에 있는 가야시대 고분군. 창녕 송현동 고분군은 북서쪽으로 인접한 교동 고분군과 함께 목마산牧馬山 남쪽 기슭에 직경 20m 이상의 대형 고분을 비롯해서 중 · 소형 고분 30여 기가 분포하고 있다.

창녕은 가히 고분군 도시다. 밀양에서 창녕으로 넘어가는 길목에 분포하는 무덤 떼가 있다.

1963년 1월 21일에 사적 제81호로 지정되었다가 2011년 7월 28일에 지정 해제되고, 사적 제514호 '창녕 교동과 송현동 고분군'으로 재지정되었다. 면적은 216,360㎡이다.

특히 비화가야의 교동 고분군은 화왕산 서북쪽 사면의 목마산성 끝자락에서 시작되어 창녕향교를 지나 시민공원, 창녕군청, 경화회관, 직교리 당간지주 부근까지 약 3㎞에 이르는 북쪽 능선을 따라 수백 기의 고분이 흩어져 있다.

교동 고분군은 도굴을 겪은 탓에 원형이 많이 손상되기는 했지만, 자연과 조화를 이루었던 조성 당시의 모습이 여전히 살아 있는 듯하다. 이런 경관을 간직한 창녕은 청정지역으로 각광을 받고 있다. 동쪽 고분군과 서쪽 고분군이 국도에 의해 나누어져 있다. 무덤의 봉분 뒤편에 펼쳐 있는 나지막한 산의 능선조차 크고 작은 봉분의 일부인 것처럼 보인다는 사실이다. 참으로 자연스럽고 아름다운 한국의 경관이다. 봉분은 멀리서 보면 봉긋한 젖가슴처럼 부드러운 선이다. 한편으로는 고운 한복의 소매깃과 버선코, 초가집의 지붕선과 닮은 모습이기도 하지만 보름달처럼 모나지 않고 둥글게 자리하고 있는 자태다.

고분은 동네 산의 무덤과는 다르지만 여기에 앉아 보니 개구쟁이 시절이 생각난다.

내가 어릴 적에는 학교 운동장이 가장 크고 좋은 놀이터였다. 하지만 학교를 가지 않는 날은 동네 뒷산 무덤에서 숨바꼭질, 전쟁놀이를 많이 하고 놀았다. 술래는 이 무덤 저 무덤을 넘어 다니면서 숨은 사람을 찾아다녔다. 이곳에서 하는 전쟁놀이는 총을 겨누기에 적절했다. 무덤가에 핀 토끼풀을 뜯어서 시계, 반지도 만들어 끼고는 천방지축 뛰어놀았었다. 집에 돌아올 때는 시곗줄이 끊어지고 반지꽃이 시들시들했다.

아이들의 놀이터가 되다보니 무덤은 군데군데 풀이 잘 자라지 않아 흙이 보이고 패인 부분도 있었다. 그런 곳을 줄곧 미끄럼 타고 했으니 지금 생각하니 어처구니없는 일이다. 무덤에는 1년에 한두 번 정도 후손들이 벌초를 하고 산소를 다녀가는 명절은 무덤 주변으로 음식 찌꺼기를 먹으러 오는 동네 개들이 많았다. 낮에는 신나게 놀아도 밤중에 동네 길을 가다가도 옆에 무덤이 있으면 무서울 때가 많았다. 귀신이 나온다는 전설 이야기가 많았기 때문이다. 당시는 텔레비전에서 전설의 고향이 인기리에 방영되었다. 지금은 사라진 풍경 이야기지만 몸을 오싹하게 하는 장면이 많은 드라마였다.

능선을 따라
모나지 않고 둥글게
자태를 뽐내다

이두애 글 · 사진

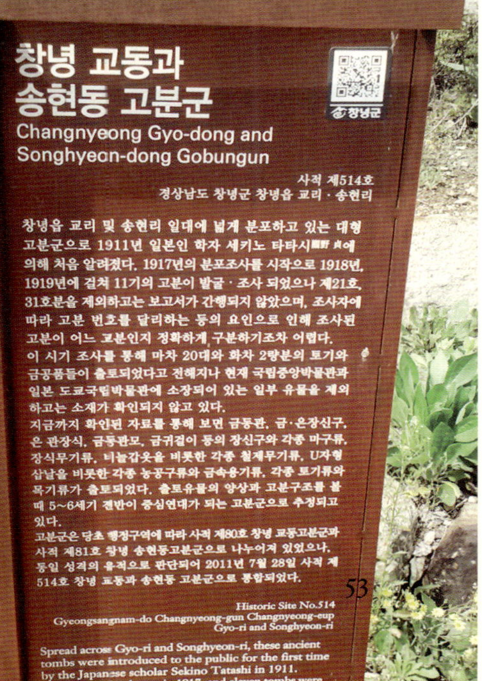

창녕 교동과
송현동 고분군
Changnyeong Gyo-dong and
Songhyeon-dong Gobungun
창녕군
사적 제514호
경상남도 창녕군 창녕읍 교리 · 송현리
창녕읍 교리 및 송현리 일대에 넓게 분포하고 있는 대형 고분군으로 1911년 일본인 학자 세키노 타타시 씨에 의해 처음 알려졌다. 1917년의 분포조사를 시작으로 1918년, 1919년에 걸쳐 11기의 고분이 발굴 · 조사 되었으나 제21호, 31호분을 제외하고는 보고서가 간행되지 않았으며, 조사자에 따라 고분 번호를 달리하는 등의 요인으로 인해 조사된 고분이 어느 고분인지 정확하게 구분하기조차 어렵다.
이 시기 조사를 통해 마차 20대와 화차 2량분의 토기와 금공품들이 출토되었다고 전해지나 현재 국립중앙박물관과 일본 도쿄국립박물관에 소장되어 있는 일부 유물을 제외하고는 소재가 확인되지 않고 있다.
지금까지 확인된 자료를 통해 보면 금동관, 금·은장신구, 은 관장식, 금동관모, 금귀걸이 등의 장신구와 각종 마구류, 장식무기류, 비늘갑옷을 비롯한 각종 철제무기류, U자형 삽날을 비롯한 각종 농공구류와 금속용기류, 각종 토기류와 목기류가 출토되었다. 출토유물의 양상과 고분구조를 볼 때 5~6세기 전반이 중심연대가 되는 고분군으로 추정되고 있다.
고분군은 당초 행정구역에 따라 사적 제80호 창녕 교동고분군과 사적 제81호 창녕 송현동고분군으로 나누어져 있었으나, 동일 성격의 유적으로 판단되어 2011년 7월 28일 사적 제514호 창녕 교동과 송현동 고분군으로 통합되었다.
Historic Site No.514
Gyeongsangnam-do Changnyeong-gun Changnyeong-eup
Gyo-ri and Songhyeon-ri
Spread across Gyo-ri and Songhyeon-ri, these ancient tombs were introduced to the public for the first time by the Japanese scholar Sekino Tatashi in 1911.
An initial survey began in 1917, and eleven tombs were excavated between 1918 and 1919, but there were no
except for No.21 and No.31.

무덤에 누워

이재무

무덤에 누워 흐르는 강물 바라다본다
먼 곳에서 바라보는 강물은 높낮이가 없다
햇살에 반짝이는 물비늘만이 아득할 뿐
저기 어디쯤 내 초라한 생애도
애증의 물거품 튕기며 쫓기듯 어딘가로 흘러가리라

무덤에 누워 푸른 하늘 바라다본다
몇 마리의 구름이 강 건너 마을 쪽,
주인 잃은 소의 걸음으로 터벅터벅 걸어가고 있다
저기 어디쯤 나의 후생後生도 누워
회환뿐인 이승에서의 질긴 인연 한가로이 되새김하리라

무덤에 누워 눈을 감는다
감은 눈 속으로
나를 다녀간 아, 그리운 얼굴들.

창녕지역은 현재까지 학계에 보고된 고분의 숫자를 보면 경주시 다음으로 많은 곳이다.

이곳에는 1천500년 전 비화가야 시대의 교동 고분군과 송현동 고분군, 영산 고분군, 계성 고분군 등 대규모 고분군과 우천리 고분군, 장마 고분군, 퇴천리 고분군, 합리 고분군, 월미 고분군 중소형 고분군들이 곳곳에 남아 있다.

창녕은 《삼국사기》에 나오는 진한의 12개 나라 중 하나인 불사국으로, 비사벌이라고 불리던 곳이다. 송현동 무덤들은 크게 2개 지역으로 나누어진다. 1지역은 목마산 기슭에서 서쪽으로 80여 기의 무덤이 있던 큰 무덤들이었으나, 지금은 16기 정도만이 남아 있다. 2지역은 송현동 석불이 있는 부근에 20여 기 정도가 있었다고 하는데, 지금은 대부분이 논으로 변하여 원래의 모습을 볼 수 있는 무덤은 겨우 몇 기 정도이다. 근처의 교동 무덤들과 가까이에 있기 때문에 무덤의 구조와 유물의 성격이 거의 같다고 여겨진다.

'창녕 교동과 송현동 고분군' 주인공인 순장녀 송현이는 무덤 주인과 같이 묻혔던 인물을 복원한 소녀이다. 순장이란 죽은 사람을 위해 산 사람이 같이 묻히는 것으로, 어떤 죽음을 뒤따라 다른 사람이 스스로 목숨을 끊거나, 강제로 질식이나 독극물로 살해되어 주된 시체와 함께 묻는 것을 말한다. 순장녀 송현이는 창녕 송현동 15호분에서 발견되었다. 송현이는 16세 정도 나이로 치레걸이와 무릎 뼈가 많이 닳아 있는 등 여러 상황으로 보아 시종이었을 것으로 보이며, 다른 여자 1명과 남자 2명과 같이 순장되어 있었다 한다.

매장문화는 변하고 있다. 아니 사라져 버릴 문화인지 모른다. 드라이브 길에 만난 고분을 보니 발길이 머문다. 햇살이 눈부신 날은 초록 능이 반짝반짝 빛난다. 민들레와 씀바귀, 토끼풀이 무덤을 장식하고 있다. 어떤 때는 앉아보고, 드러누워 하늘을 올려다본다. 어릴 때면 무서워 달아날 것도 같은데 성인이 되어서는 편안해지는 기분이 든다. 화장 문화가 다양하고 대중화되어 이제는 사진, 항아리만으로 흔적을 남기고 있다. 우리 생활에서 사라져 가는 것은 박물관이나 공공장소에 전시되어 교육용으로 보는 예가 늘어나고 있다. 추석에는 시아버지 뵈러 영천 호국원에 다녀와야겠다.

이두애 글 · 사진

chapter 01

진해 흑백다방

이두애 글 · 사진

지금은 시민문화공간 '흑백' (창원시 진해구 백구로 57)으로 바뀌었지만 아직도 그곳은 진해 흑백다방으로 통한다.

진해 흑백다방을 찾았다. 그곳에서 《유택렬과 흑백다방》이란 책을 엮으신 이월춘 시인을 만나 뵈었다. 클래식 음악이 들려오고 커피를 마시면서 선생님은 흑백공간의 이야기를 자세히 들려 주셨다. 선생님은 흑백다방의 산증인이셨다. 흑백다방을 거쳐 간 문인들의 이야기도 들을 수 있었다. 부산에서 생활해서인지 진해 문인들을 잘 알지 못했지만 지금은 몇 분의 문인들을 알고 지낸다. 예술인이 운영한 다방이란 공간에서 출발해서인지 엄청난 진해의 이야기가 숨어 있는 곳이다. 이곳은 예술, 문화, 사랑, 낭만 모두를 토해낼 수 있는 공간이었다. 진해하면 벚꽃 구경으로 유명하지만 내가 모르는 예향의 역사가 흐르고 있었다.

이두애 글 · 사진

입구에는 석인의 석상들이 웃으며 서 있고 돌절구가 있었다. 2층 건물로 오래되고 제법 큰 집으로 보였다. 간판은 흑백으로 한글로 새겨져 있는데 클래식 음악다방을 연상케 한다. 이곳에서 다양한 문화행사가 열리는 현수막 광고도 걸쳐 있었다. 진해의 시민 문화공간으로 지금까지 자리를 지키고 있다. 2014년 6월에는 한국적 토속신앙 세계 재구성, 경남 추상미술 1세대로 이름나 있는 유택렬 추모 15주기로 고 유택렬 화백 특별전 행사가 열렸다.

안으로 들어서자 오래 묵은 곰팡이 냄새가 코끝에 와 닿았다. 하지만 실내에 놓인 오래된 피아노를 비롯한 물건들이 세월을 말해주었다. 벽을 장식한 것들은 예술작품과 오래된 추억의 물건들이 많았다. 유택렬 선생님의 작품을 소장하고 있는 공간으로 보였다. 무대시설이 별로 없었던 시절 행사의 공간으로 많이 사용되었다 한다. 벽면에는 전혁림 선생님이 만들어 팔았던 특이한 채색을 한 6개의 탈이 있었는데 하나는 깨져버리고 지금은 5개가 걸려 있다. 그 밑으로 오래된 레코드판이 빽빽이 정리된 디제이 방이 있었다.

진해 흑백다방은 1955년 처음 문을 열었다. 화가 유택렬(1924~1999)이 운영했으며 음악가, 화가, 연극인, 문인 등 예술가의 사랑

사진 속의 추억
흑백시간
머무는 자리

이두애 글 · 사진

흑백
시민문화공간
음악과 함께하는
택렬화백 작품전
3월 31일
4월 10일
흑백
CLASSIC MUSIC
57

방이었다. 진해 문화 · 예술 그 자체로 현재의 사람들은 알고 있다. 일본식 목조 가옥으로 1층은 흑백다방, 2층은 화실이었다. 건물은 백 년이 넘은 걸로 알고 있다. 지금은 유택렬의 둘째 딸인 피아니스트 유경아 씨가 2011년부터 시민문화공간 '흑백' 으로 간판을 바꾸었다. 커피를 무료로 대접하면서 피아노 독주회를 열고 정해진 토요일에 음악회와 연주회를 열고 있다고 한다.

다방으로 폐업을 한 지도 오래되었다. 그래서 흑백다방이라 부르지 않는다. 제대로 아는 사람은 '흑백' 시민문화공간으로 알고 있다. 차 마시는 공간이 아니고 예술 창작실의 근원이 꿈틀거리고 있는 곳이기 때문이다. 유택렬 화가가 남긴 흔적을 지금까지 잘 볼 수 있는 곳이다. 진해에서 없어서는 안 될 추억들이 고스란히 남아 있는 곳이다. 시낭송회, 문학강연, 음악회, 피아노 연주회, 연극공연의 문화활동 공간이다. 유택렬 화백과 진해 시인, 화백의 딸 유경아 피아니스트가 있다. 지금도 커피 향 맡으며 클래식 음악을 들으면서 이야기를 나누는 공간이다. 지금의 주인 유경아 피아니스트는 아버지의 정신을 고스란히 이어가고 싶은 노력을 하고 있다고 말한다. 이 공간은 근대 문화유산으로 등록 신청을 준비하고 있는데 창원시의 적극적인 협조가 있길 바란다고 했다. 이곳에 2시간 앉아 있는 동안 시간을 거슬러 많은 예술인을 만났다.

미처 이곳을 빨리 와 보지 못한 것이 안타까웠다. 흑백시간 속으로 빠져들었던 또 하나의 추억을 간직하고 발길을 돌렸다.

흑백다방

정일근

진해의 모든 길들이 모여들고

모여들어서 사방팔방으로 흩어지는 중원로터리에서

갈 길을 잃은 뒤축 구겨진 신발을 등대처럼 받아주던,

오늘의 발목을 잡는 어제와

내일을 알 수 없는 오늘이 뇌출혈을 터뜨려

내가 숨 쉬기 위해 숨어들던 그곳.

나는 그곳에서 비로소 시인을 꿈꾸었으니

내 습작의 교과서였던 흑백다방이여

momento mori.

세상의 화려한 빛들도 영원하지 않고

살아있는 것은 모두 사라지느니

영혼의 그릇에 너는 무슨 색깔과 향기를 담으려 하느냐,

나를 위무하며 가르쳤으니

그 자리 그 색깔 그 향기로

사진첩 속의 흑백사진처럼 오래도록 남아있는

since 1955 흑백다방

—〈흑백다방〉 중에서

다방은 사람들이 이야기를 나누거나 쉴 수 있도록 꾸며 놓고 차나 음료 따위를 파는 곳으로 알고 있다. 현재는 서구풍의 다양한 형태인 카페로 변했다. 그래서 다방이라는 상호를 내걸고 영업을 하는 곳은 시골의 변두리에서도 찾아보기 힘든 풍경이다. 진해 흑백다방은 유경아 피아니스트가 현재의 흑백공간을 네이버 블로그에서 종합예술 장소로 잘 꾸며가고 있다. 그 공간에는 하루의 일상들이 빽빽이 채워진다. 일상에는 예술이 함께 존재한다. 예술인의 발걸음이 끊이지 않는 곳이다. 따님의 부지런함을 격려하고 관심을 가져주는 지인들이 많다. 누군가 있어 참 다행히도 아름다운 이야기들이 역사가 되고 있다.

SINCE 1955
흑백
CLASSIC MUSIC
제6회 유경아
피아노독주회
FALL IN CHOPIN
유경아

chapter 01 합천테마파크

이두애 글 · 사진

2004년도에 건립한 합천영상테마파크는 1920년대에서 1980년대를 배경으로 하는 국내 최고의 특화된 시대물 오픈세트장으로 드라마 〈각시탈〉, 〈빛과 그림자〉, 〈서울 1945〉, 〈에덴의 동쪽〉, 〈경성스캔들〉, 영화 〈써니〉, 〈태극기 휘날리며〉, 뮤직비디오 등 67편의 영화, 드라마가 촬영된 전국 최고의 촬영세트장이다.

합천과의 인연은 합천마라톤에 참가하면서부터 맺었다. 벚꽃이 피는 사월에 마라톤 행사를 마치고 항상 들렀던 곳이 합천테마파크이다. 영화를 좋아하는 편이라 세트장을 구경하는 것이 흥미로웠다. 세트장을 보면 영화장면이 근사하게 떠오른다. 사진을 찍으면서 배우를 떠올리고 소품을 보니 영화의 매력이 나름 스쳐간다. 영화의 주인공도 되어보고 그 시대의 물건들을 보면서 아하 하는 멋쩍은 감탄사를 내기도 한다. 인위적인 풍경이라도 오래된 소품들이 옛사람 정서와 시대상을 엿보는 기회를 주는 곳이다. 당연히 현재의 상영작, 드라마들도 여기서 촬영하고 방송되는 것이 많은 편이다.

테마파크는 경남 합천군 합천읍 동서로 119에 위치한다. 합천陜川은 좁은 '내' 라는 뜻으로 이 지역이 산이 많고 들판은 없어 온통 산으로 둘러싸인 좁은 계곡이 많다는 뜻과 부합되는 것으로 풀이된다. 합천군은 경상남도 북서부에 있는 군이다. 경작지가 황강의 지류를 따라 전개되어 있다. 주산업은 농업이며, 무 · 배추의 생산이 많다. 자연경관이 빼어난 가야산국립공원과 많은 유물 · 유적을 보유하고 있는 해인사가 있어 관광지역으로 잘 알려진 곳이다.

영화 〈태극기 휘날리며〉, 〈전우치〉를 비롯해 〈써니〉, 〈고지전〉 수많은 영화와 드라마의 촬영지로 각광을 받으며 저마다의 사연과 스토리를 차곡차곡 쌓아 나가고 있다. 이곳에는 일제강점기와 1980년대 서울의 모습이 정교하게 재현되어 있다. 중장년층에게는 과거에 대한 향수를, 젊은 세대들에게는 시간여행을 온 것 같은 이색적인 경험을 준다. 한 시간 남짓이면 〈서울 1945〉 세트장 → 대흥극장 → 경성고보 → 총독부 → 적산가옥촌 → 도심골목 → 서울역 → 원구단 → 〈에덴의 동쪽〉 세트장을 둘러볼 수 있다.

2004년에 개봉되었던 〈태극기 휘날리며〉는 테마파크에 오면 더없이 감동을 받게 된다. 1950년 6월 서울 종로거리에서 가족의 생계를 책임지기 위해 열심히 살아가는 가족이 있다. 6월의 어느 날, 한반도에 전쟁이 일어났다. 남쪽으로 피난을 결정한 주인공은 피난열차를 타기 위해 도착한 대구역사에서 운명이 바뀐다. 징집 대상이었던 주인공 동생은 군인들에 의해 강제로 군용열차에 오르고 동생을 되찾기 위해 열차에 뛰어오른 형 또한 징집이 되어 군용열차에 몸을 싣게 된다. 전쟁터로 내몰린 형과 아우는 국군 최후의 보루인 낙동강 방어선으로 실전 투입이 되고 동생과 같은 소대에 배치된다. 동생의 생존을 위해 총을 들어 영웅이 되기를 자처한다. 10년 전 전쟁 영화이지만 64년 전의 전쟁을 재현하는

이두애 글 · 사진

大鵬企業

곳이다.

합천벚꽃마라톤대회는 대한육상경기연맹으로부터 공인된 코스(5㎞, 10㎞, 하프, 풀)로 매년 개최된다. 영화촬영장으로 유명한 영상테마파크, 수려한 황강, 아름다운 합천호를 따라 자리 잡은 100리 벚꽃 길 코스에서 펼쳐져 볼거리가 아주 많다. 지역에서 직접 재배 · 생산한 싱싱한 딸기와 토마토, 합천 황토한우, 합천 토종흑돼지와 다양한 농 · 특산물을 마라톤 구간과 시식코너를 통해 참가자에게 무료로 제공한다. 합천 흑돼지와 막걸리 맛은 오래도록 기억에 남는다. 인심 좋고 공기 좋아 화창한 봄날 달려보고 싶은 행사이다.

영화 세트장을 하나씩 엿보며 걸어보았다. 어린 시절 살던 골목에 온 기분도 들고 70년대를 쉽게 볼 수 있는 정겨운 풍경이다. 소품들은 내가 사용해 본 적 있는 오래된 물건들이라 정겨웠다. 약국, 이발소, 극장, 분식점, 서점 등 옛 모습을 보니 당시의 도시 풍경이 그려진다. 지금 우리가 살고 있는 도시는 변화에 변화를 거듭했다. 사람이 살아가는 모습은 변할 뿐이지 사라지지는 않는다. 나이도 어린 시절로 돌아간 기분이고 한편으로는 영화촬영을 하고 있는 기분이 든다. 군데군데 촬영준비를 하고 있는 스텝들도 보였다.

영화, 드라마는 우리의 삶을 재현하는 예술이다. 배우의 삶이 나의 삶을 대신 표현해 준다. 사람은 만물의 영장이 틀림없다. 어떻게 보면 살아가는 모든 흔적이 추억이 되어 고스란히 남을 역사가 된다. 세트장은 영화의 무대, 배경이지간 관광객에게는 추억의 장소로 사진이 된다. 현대문명으로 급변하지 않는 청정의 테마 장소로 합천이 가까이 있어 좋다.

벚꽃, 마라톤, 영화세트장, 합천댐, 해인사, 가야산 등 전국의 으뜸인 것이 많은 곳이다. 아직까지 슬로우시티slow city로 자연스러움이 많이 남아 있는 곳이다. 배우들의 작품들이 쌓이고 언제까지 테마가 있는 합천으로 남길 바란다. 시간이 느리게 지나갔으면 하고 뒤를 돌아보았다.

이두애 글 · 사진

장원
會館
10

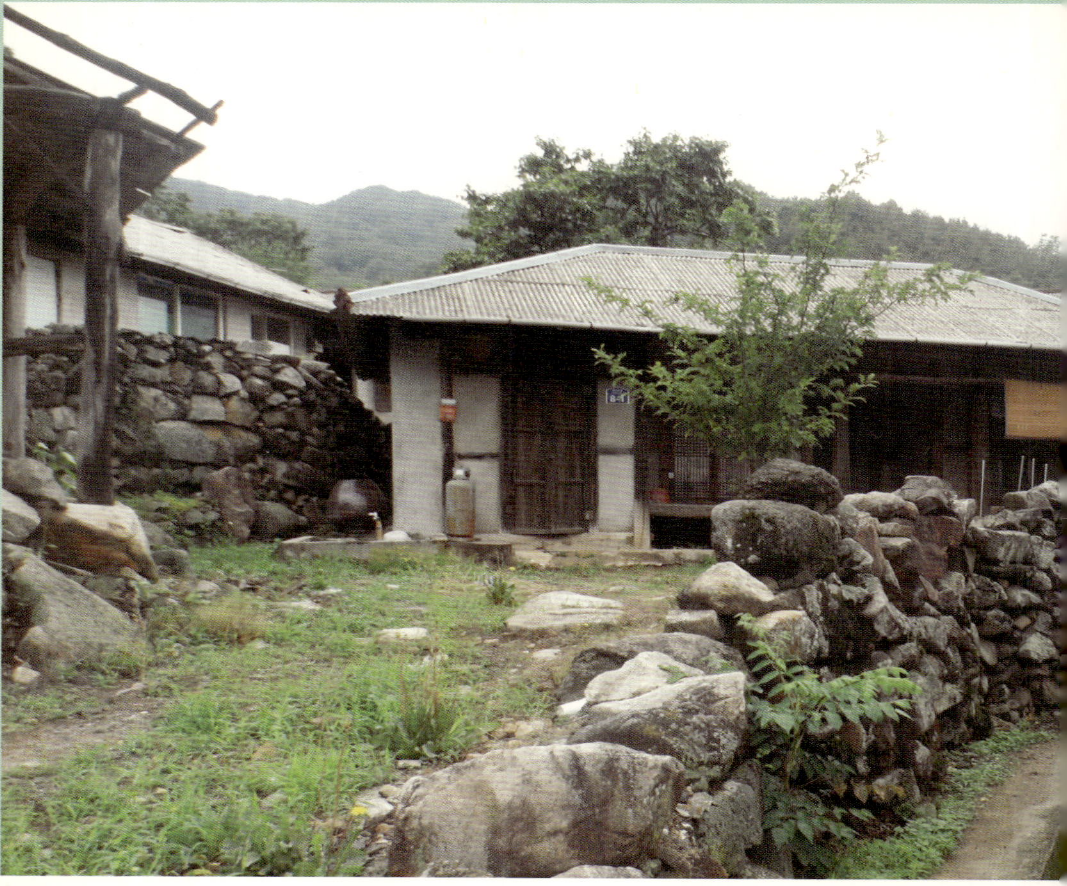

chapter 01

합천 대병면 대지리 감골부락 외시마을

이두애 글 · 사진

합천군 서부에 있는 대병면大并面이다. 면소재지는 회양리이다. 황매산(1,108m)을 비롯하여 허굴산(682m), 금성산(580m) 등이 솟아 있다. 대부분의 지역이 300~800m의 산지를 이루고 낙동강의 지류인 황강이 북동부지역을 곡류한다.

지금까지 살면서 내가 찾아가 본 곳 중의 가장 오지 마을로 기억한다. 바깥 감골부락 외시마을은 합천군 대병면 대지리 2구에 속한 해발 800m 높이의 개간 마을이다. 합천군에서 25㎞ 거리로 차로 20분 정도 떨어진 곳에 위치한다. 30년 전에는 30가구 남짓 되었으며 200명의 주민이 빽빽하게 살았는데 지금은 사람들이 모두 떠나버린 산골 마을이다. 지금은 폐가가 많고 독거노인이 살고 있는 8가구에 몇 명의 할머니, 할아버지들만 살고 있는 조용한 마을이다.

이두애 글·사진

지붕들은 회색 슬레이트였다. 그전에는 초가집이었다고 한다. 나 어릴 적 살던 집도 새마을 운동의 상징인 건축자재로 잘 알고 있는 슬레이트 지붕이었다. 슬레이트 지붕 위에 핀 이끼들은 신기한 생물체처럼 회색 도시에서 보기 드문 풍경이다. 지붕 위로 오래된 텔레비전 안테나가 설치되어 있었다. 지금은 안테나가 필요 없어도 그대로 버려두고 손을 대지 않았다. 마을의 대부분을 차지하는 돌담과 길거리에 깔려 있는 돌들은 허물어지고 사람의 손이 많이 가지 않았음을 알게 한다. 집집마다 담장은 돌담으로 그리 높지 않았다. 돌이 없고 반듯한 곳은 농사를 짓고 돌이 있는 곳은

파내고 다듬어서 집을 지었다. 그래서 부엌에는 돌이 들어 있고 돌담 사이로 수도 파이프가 나와 있다. 그러니까 쥐나 벌레들이 쉽게 드나들 수 있는 곳이었다. 이 동네 담장들은 검정색의 돌담이었다. 돌이 많은 산자락임에 틀림없었다.

할머니는 대청마루에 그냥 앉으려 하는데 걸레질을 해주셨다. 음료수 하나를 주시면서 이렇게 산다고 말씀하신다. 자식들은 먹고살기 바빠서 자주 못 온다고 그러신다. 그래도 방에 있는 가족사진이 할머니를 힘나게 하는 물건인 것 같다. 사는데 전혀 불편함을 느끼는 못하는 할머니, 오히려 오래 살아서 더욱 편한 곳인 것처럼 보였다. 40년 이상을 혼자서 지내도 싫증도 누구의 의지도 전혀 바라지 않는 순수한 모습에 더욱 편해 보이는 미소가 있었다. 나의 질문에 인정스럽게 대답도 하시면서 누추함을 부끄러워하신다. 도회지 할머니와는 다른 순수한 모습이셨다.

예전에는 마을 진입로가 없었으며 사람만 보행할 수 있는 소리길이 전부였다. 신작로는 30년 전에 생겼다고 한다. 38년 전에 전기가 들어오고 전기가 들어왔을 당시 동네 아이들은 잠을 자지 않을 정도로 기뻤다고 말했다. 마을 사람들이 부역으로 몇 개의 다리를 직접 놓고 길을 넓혔다. 홍수로 인해 그때 흔적은 볼 수 없지

만 마을 사람들이 스스로 마을 일을 해결하는 곳이었다. 지금은 그 자리에 현대식 다리가 놓인 상태이다.

처음에는 냇가의 냇물을 식수로 사용하다 공동우물 3개를 만들어서 생활했다 한다. 지금은 사용하지 않지만 우물의 흔적이 남아 있었다. 30년 전에 냇물로 수도꼭지를 연결해 돌담 사이로 구멍을 파서 배관을 뚫고 수도꼭지를 집집마다 가지게 되었다. 후에는 지

하수를 파서 이용하고 있다. 이 모든 일들이 마을 사람들의 부역으로 이루어졌다. 조상의 흔적을 더듬어 보아 400년 전에 이 마을이 생긴 걸로 추정했다. 마을의 고지로 보아 장수마을로 인정하지만 현재 여기 살고 있는 사람들로는 알 수 없다. 한때는 마을 학살 위기도 있었다 한다. 신원양민학살 사건 때 이 마을도 위험했지만 위기를 잘 넘겼다고 한다.

전주 이씨 집성촌으로 여태까지 타성이 한 명도 없었다고 한다. 논농사, 밭농사를 하였는데 다랑논이 대부분이었다. 평지에는 씨앗을 뿌려 농사를 최고로 여겼고 집들은 모두 자갈밭에 지어졌다. 집집마다 부엌, 마당, 담들은 돌들로 지어졌다. 할머니 집은 유난히 큰 돌들이 많이 있다. 지금은 사람들이 떠나서 좀 넓어 보이지만 옛날에는 한 마당 안에 3집 정도는 살았다고 말한다. 아직까지 50년대의 모습으로 살아가는 마을이다. 옛날 외갓집과 비슷한 것들이 있었다. 그런데 이곳은 화장실도 옛날 그대로를 사용하고 있었다. 할머니가 사용하기에는 위험해 보여도 아직은 괜찮다고 하신다. 나는 재래식 화장실을 이용하는 동안 다리가 후들거렸다. 아래로 내려다보면서 소변을 보았다. 이 마을에는 정화조 시설이 없다. 전국적으로 보아도 오지로 남아 있는 마을로 문명과 단절된 마을이다. 어쩌면 지금 상태로 멈추어 보존이 되었으면 좋겠다는

이두애 글 · 사진

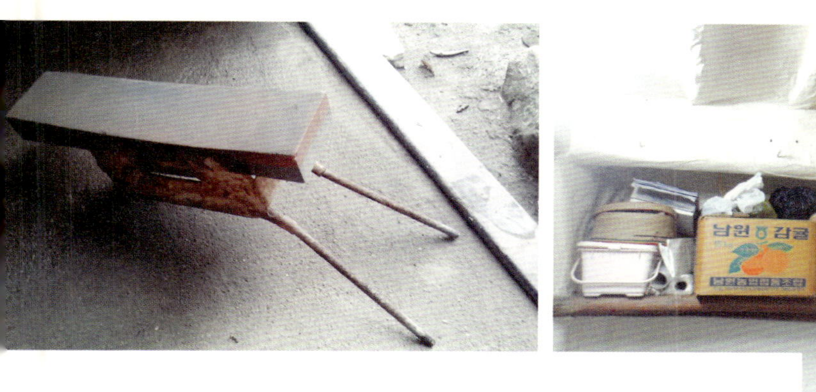

오래도록
자리를 지키는
소리 없는 맷돌

생각이 든다.

주변에는 장서리 · 하금리 · 대지리 · 회양리 일대에 고분이 있으며, 대지리사지大枝理寺址를 비롯한 유물 · 유적이 많다. 황매산 군립공원과 합천댐이 주변에 근접해 보인다. 대지리 절터 일대는 조선 초기의 고승 무학無學 자초自超 스님의 출생지로 추정되는 곳이다. 대지리사지에는 대지리 삼층석탑이 남아 있다.

할머니의 좁은 마당에는 옥수수, 상추, 파가 심어져 있다. 바람에 나풀거리는 모습이 누구를 기다리는 몸짓처럼 할머니 마음과 같을 것 같다. 잘 쓰지 않는 지게, 무쇠 솥이 걸린 아궁이, 소여물통이 마당 한곳에 고스란히 있다. 혼자 사는 노인들은 집 안에 가축 한 마리 키울 힘도 없어 보였다. 폐가에는 흰 냉장고만 마루에서 우두커니 주인을 기다리며 집을 지키고 있었다. 언젠가는 후손이 찾아올 고향, 그런 추억이 묻어 있는 곳이다. 할머니의 배웅을 받으며 마을을 내려왔다.

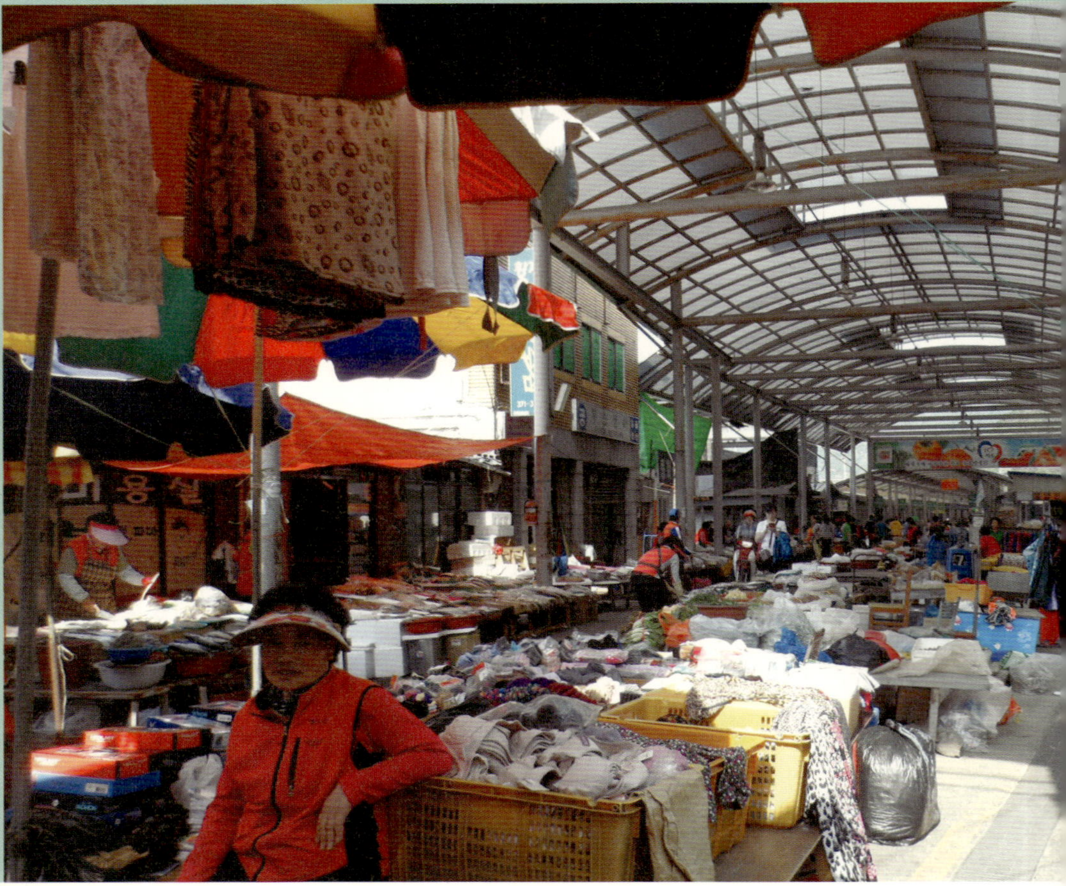

청도장

경북 청도군 청도읍 고수리 984-2번지에 위치하며 4일과 9일에 열리는 5일장이다.

이두애 글 · 사진

경북이지만 밀양 가까이 있어 드라이브 삼아 많이 가보는 장이다. 먼저 만나는 곳에 청도군 청도읍 청화로엔 청도역이 위치한다. 역에서 걷기로 장이 서는 거리와 상설시장을 비롯해 한 바퀴 둘러보면 거리는 사람들로 붐빈다. 청도군 청도읍 고수리 984-2일대에서 4일과 9일에 장이 서는 5일장이다. 노랫말처럼 있을 건 다 있고 없을 건 없는 시골장이다.

장에는 사람들이 흥정하며 벅적거리는 소리, 노랫소리가 나며 밭에서 금방 수확한 채소, 과일들이 윤기 나게 잘 진열되어 있다. 가짓수가 너무 많아 돌아다니면서 필요한 것만 사야 한다. 어떤 골목에서는 하나도 팔지 못하고 담벼락에 졸고 있는 할머니도 보곤 한다. 상추도 시들고 할머니도 힘이 없고 그러면 그냥 지나치

면 마음이 아프다. 할머니들은 '마수' 도 못 했다, 혹은 '뜨리미' 라고 말하면서 장사를 하신다. 부지런한 할머니는 틈틈이 고구마 줄기를 까고 마늘을 까서 손질을 해서 파신다. 장날에는 농사를 직접 지어서 팔러 나온 사람이 많아 싱싱한 것들을 싸게 살 수 있는 이점이 있다. 청도에는 민병도 시조시인이 계신다. 청도 장날의 정서를 모두 담은 시 같아서 소개한다.

장국밥

민병도

울 오매 뼈가 다 녹은 청도 장날 난전에서
목이 타는 나무처럼 흙비 흠뻑 맞다가
설움을 붉게 우려낸 장국밥을 먹는다.

5원짜리 부추 몇 단 3원에도 팔지 못하고
윤사월 뙤약볕에 부추보다 늘쳐져도
하굣길 기다렸다가 둘이서 함께 먹던……

내 미처 그때는 셈하지 못하였지만
한 그릇에 부추가 열 단, 당신은 차마 못 먹고
때늦은 점심을 핑계로 울며 먹던 그 장국밥

장국밥은 종류가 몇 가지 있는 걸로 알고 있다. 그중 청도에서 많이 먹을 수 있는 추어탕을 소개한다. 추어탕은 미꾸라지가 가장 살이 찌고 맛이 좋은 가을철에 보신용으로 많이 먹는 음식이다. 전국의 하천 · 못물 등에 서식하는 민물고기이며 7~11월이 한창이다. 오래전에는 흔하게 논가에서 볼 수 있었는데 이제는 귀한 작은 민물고기로 양식을 많이 한다.

추어탕鰍魚湯은 미꾸라지를 넣고 얼근하게 끓인 국. 추어는 미꾸라지의 한자명이다. 먼저 미꾸라지를 그릇에 넣고 소금을 뿌려 뚜껑을 덮어둔다. 그러면 서로 비벼서 거품과 해감을 토하는데, 이것을 거품이 안 날 때까지 여러 번 씻은 후 폭 고아낸다. 다 고아지면 도드미(구멍이 큰 체)에 건져 주걱으로 으깨어 살을 받는다.

이것을 다시 미꾸라지 삶은 국물에 넣고 간장 · 고추장 · 후춧가루로 간을 하여 배추 데친 것, 갓, 파, 숙주, 고사리 등을 건더기로 넣고 다시 끓인다. 먹을 때 산초가루를 넣으면 비린내가 나지 않는다.

추어탕을 먹고 싶으면 언제든지 청도에 가면 된다. 청도역 주변에 추어탕 거리가 있고 그 주변부터 장이 선다. 청도역 주변은 미꾸라지 냄새가 나는 듯하다. 자연산, 원조, 전통이라고 집집마다 광고를 하고 있다. 방송에 나온 집들도 나름 광고를 크게 해두었다. 이미 유명하고 몇 대 업으로 이어가는 집이 대부분이다. 적어도 50년 이상의 오래된 추어탕 비법을 간직하는 집들이다. 추어탕 같은 음식도 나름 추억들을 간직하고 있어 지금까지 인기가 있지 않을까 한다. 비가 오는 날이나 더운 여름철에 밥 한 그릇 말아서 먹고 나면 보신이 된다.

결혼을 하고 집들이를 몇 차례 할 때 추어탕을 끓였다. 미끄러워 만지기 힘들고 해감이 많은 민물고기라 국을 끓이기가 좀 성가신 음식이다. 여름철이라 시장에 미꾸라지가 많이 나왔다. 술을 먹고 속을 푸는 해장국으로 좋아서 직접 끓였다. 경상도 지방에서는 추어탕에 산초가루와 매운 고추, 생마늘을 꼭 넣어먹는다. 이

이두애 글·사진

추어탕鰍魚湯은
미꾸라지를 넣고
얼근하게 끓인 국

흑백
추억

저마다의 색깔로
손짓하는
아우성이 들린다

이두애 글 · 사진

게 빠지면 아무 맛을 못 느낄 정도로 빠져서는 안 될 향신료이다. 얼큰하면서 시원한 우거짓국이다.

허름한 골목 안 청도할매 김밥도 유명해 많은 사람들이 줄을 서야 한다. 재료로 무를 고춧가루에 생채처럼 양념해 짧게 말아서 준다. 짭짤한 맛 때문에 물리지 않고 많이 먹을 수 있는 것 같다. 김밥 만들어 팔아 아이들 다 키우시고 이제 며느리와 같이하는 듯했다. 전국 사람들이 다 온다면서 소문으로 이름난 집이었다. 통영 가면 충무김밥 먹고, 청도 가면 청도할매 김밥이 별미이다.

장날에 선보이는 물건들은 대형마트에서 파는 물건처럼 화려하게 포장을 하지 않았다. 생긴 대로 난전에 진열되어 있다. 강아지, 닭, 새들도 나왔고 화려한 꽃무늬 패션의 옷들이 여기저기 걸려 있다. 초여름의 모종들이 길바닥에 파릇파릇 싱그럽고 푸짐한 음식들이 먹음직스럽다. 지나는 사람들의 손에는 검은 봉지 여러 개 무겁도록 들고 다닌다. 버스를 타면 모두가 검은 봉지 한 아름 안고 앉았다. 오늘 저녁 밥상이 푸짐할 것 같다.

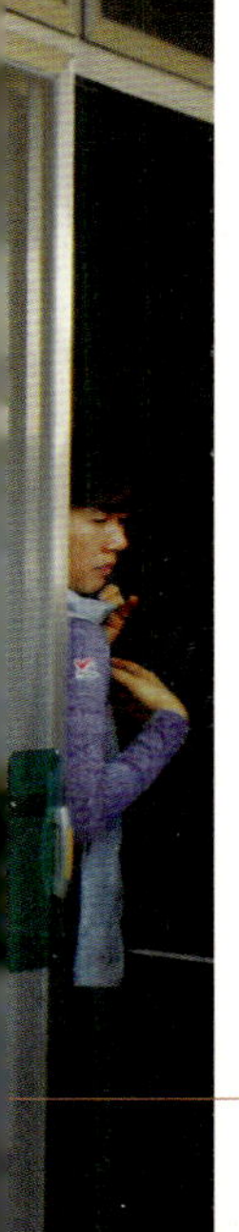

chapter 01

정겨운 역

간이역처럼 정겨운 역사는 누군가 만날 거 같고 어떤 인연이 생길 것 같은 역이다. 지금도 지정 좌석에 앉으면 옆자리 사람이 누굴까 궁금해진다. 목적지까지 갈 동안 옆 좌석에 앉은 사람과 대화를 나눌 수 있다면 의미 있는 시간 동행이다. 차창 밖으로 보이는 풍경들은 그림 같은 편안함이 느껴지지만 때로는 지나가는 풍경들이 야속하기도 하다. 열차나 지하철이 출발하거나 정차하는 역뿐 아니라 정거장, 터미널, 공항에선 많은 이야기들이 머무르고 사라지고 그렇게 떠나보낸다.

기차를 많이 이용했던 때는 초등학교 방학기간이었다. 자가용이 없던 시절이라 외갓집에 갈 때는 어머니께서 동생과 같이 기차를 태워주신다. 자지 않고 안내방송을 듣고 가면 잘 찾아갈 수 있는 곳이었다. 기차 안에서 사먹는 음료수, 계란, 밀감은 언제나 맛있는 것으로 기억된다. 목적지까지의 역들은 이미 머릿속에 외워져 있어 동생과 역 이름 잇기와 맞추기 놀이를 하며 가곤 했다. 기차 안에는 우리들처럼 친척집에 가는 친구들이 많이 보였다. 목적

지에 닿으면 계속 기차를 타고 가고 싶은 기분도 들었다.

기차가 달리는 철로를 보고 있으면 어디론가 가고 있는 느낌이다. 무작정 표를 사서 떠나 본 적 있다. 만날 사람은 없어도 내리는 역은 언제나 반겨준다. 역 주변을 돌다 우동 한 그릇에 허기를 달래고 다시 되돌아오더라도 여행이라고 말하고 싶다. 그래도 여행은 혼자서 많은 생각과 동행하여 떠난 여행이 오래 남는다. 그곳에 어떤 하나가 궁금해서 확인하고 유명한 것을 보기 위해 떠났던 여행이 많았다. 발길 따라 머물렀던 기차여행, 언젠가 추억 속에 사라져 버릴 것 같은 작고 정겨운 역사들 몇 곳을 소개하려 한다.

꼬막정식을 먹기 위해 전남 보성군 벌교역으로 갔었다. 평일에 많은 사람들로 붐비는 것을 보면 꼬막이 소문만큼 유명한 곳이다. 여기 사람들은 꼬막으로 생계를 유지하고 있었다. 꼬막으로 만들 수 있는 음식을 모조리 선보이는 정식밥상이었다. 처음 맛본 음식들이 많아 천천히 맛보았다. 여행에서 먹는 재미는 여행을 즐겁게 한다. 포만감은 다시 이동하면 차차 몸을 가볍게 한다. 벌교筏橋라는 명칭은 뗏목다리라는 뜻으로 포구에 뗏목을 엮어 다리를 놓아 건너다닌 데서 유래했다. 조정래 소설 태백산맥의 무대이기도 하

다. 주변은 시골 장에 온 느낌으로 꼬막을 비롯한 수산물을 파는 곳이 많았다. 그곳의 특산물을 사오는 재미도 흥미로운 일이다.

진해역 하면 벚꽃을 보러가는 곳으로 봄에는 도시 전체가 벚꽃으로 물들어 있다. 진해시는 일제에 의하여 해양 군사도시로 개발되었다. 한반도의 중요한 자원들을 일본으로 착취하여 가져가는 역할을 한 통로였다. 1926년에 건립된 진해역사는 당시 건립된 일반적인 지방 역사의 형식과 규모가 온전히 남아 있어 역사적, 건축적 가치가 있다. 2005년 9월 14일 근대유물로 문화재청에 등록되었고 당시 철도는 진해와 내륙을 연결하는 교통수단이었다. 벚

꽃이 피는 4월에는 최고의 관광객이 모여드는 곳으로 진해군항제가 열려 향토축제로 명성이 높다. 온종일 상인들과 관광객들로 거리는 북적인다.

청도역 역사 주변은 볼거리가 많다. 옛 물건들이 박물관처럼 전시되어 있어 농촌을 이해하는 데 도움이 된다. 특히 농기구들이 많아 농사를 짓고 살았던 조상들의 삶을 엿볼 수 있다. 청도 소싸움은 어른들에게 재미나는 구경으로 알려져 있고, 물이 좋은 용암온천 일대는 외지의 사람들이 많이 이용하는 곳이다. 청도에는 여름이면 복숭아가 맛있고 가을이면 가로수가 감물로 물드는 청도반시가 농가소득을 올리고 있다. 역 주변에는 추어탕거리가 명물이다. 해마다 이호우 · 이영도 시조문학제가 열린다. 청도군 유호

레스토랑
추어탕
솔밭
레스토랑
삼양
추어탕
삼양
추어탕

KORAIL
청도역
Cheongdo Station 淸道驛

StoryWay

편의점

StoryWay
Smile, Smart, Speed

리에 오누이 시비 공원이 있어 오며가며 머무는 곳이다.

물금역은 학교 다닐 때 교과서에 철이 많이 생산되는 곳으로 배웠다. 지금은 영남대로 옛길 1차구간이 시작되는 곳으로 물금-원동-삼랑진으로 이어진다. 이 길은 낙동강을 끼고 자전거 길이 나란히 있어 동호인들이 주말에 붐빈다. 간간이 경치가 아름다운 곳에서 쉬어가면서 걸을 수 있는 역사길이다. 원동에는 매화꽃이 삼랑진에는 벚꽃이 차례로 봄을 알린다. 낙동강의 아름다운 곡선을 어디에서든 쉽게 볼 수 있는 구간이다. 4대강사업으로 전 국토가 공원으로 변해 보인다. 물금역은 경부선 철도 구간에서 부산인근의 가장 가까운 지역으로 기차를 타고 창밖을 보았을 때 농촌의 풍경을 처음으로 볼 수 있는 곳이다.

삼랑진역은 철로 변에 역사 속으로 사라진 근대 문화유산인 급수탑이 우뚝 솟아 있다. 급수탑은 옛날 증기기관차에 물을 넣어주던 급수시설로 1923에 설치한 것이다. 대한민국 근대 문화유산(등록문화재 제51호)이며, 2003년에 문화재로 등록되었다. 소유자는 한국철도공사이며 수량은 1동 1층(36.7㎡)이다. 급수탑은 사계절 색을 달리하는 담쟁이 넝쿨 잎을 옷으로 갈아입는다. 일 년 내내 나그네의 시선을 멈추게 한다. 삼랑진역은 급수탑으로 인해 기억

되는 정겨운 시골역이다. 그리고 적산가옥이 역 주변에 한 블록 모여 있다. 1900년대의 흔적을 조명해 주는 철도 직원의 숙소였던 곳이다. 높은 돌담 벽과 계단이 많은 나무집으로 일본인 소유의 집들이었다.

삼랑진역

이우걸

낙엽이 쌓여서

뜰은 숙연하다

노인 혼자 벤치에 앉아

안경알을 닦는 사이

기차는 낮달을 싣고

어디론가 가고 있다.

사상역은 어린 시절과 학창시절을 보내면서 많이 이용하고 당시 우리 동네에 있는 역이다. 기차의 기적 소리를 집에서 생생하게 들었다. 손님이 오시면 마중과 배웅을 많이 한 역이다. 사상역에서 집으로 가는 길은 굴다리나 육교를 이용해 가는 방법뿐이다. 길게 늘어진 철길을 한없이 바라본 기억이 있다. 사상역 주변에는 일자표 연탄공장이 있었는데 지금은 주차장으로 변하고 연탄공장의 흔적은 없다. 기차가 지나면 집 안에서도 기차의 경적이 들리며 집이 선로가 된 것처럼 기차 지나는 소리를 경험했다. 기찻길 옆 오막살이 집이었다. 기차시간이 급해서 울타리를 넘어가는 사람, 낮은 담을 넘는 사람들을 본 적도 있다.

낯선 명소를 찾아 나서면 그곳의 대문인 역을 먼저 알아보고 가게 된다. 그래서인지 역은 첫인상 같은 느낌으로 다가온다. 역 주변에 기다리는 택시, 버스 기사는 처음 만나는 그곳의 대표 사람이다. 지역마다 말씨, 억양이 다르고 낯설음에 여행이 시작된다. 특산물이나 그곳만의 유명한 음식을 맛보는 것은 여행의 즐거움을 오래 간직하게 한다. 평일에 혼자서 꼼꼼히 즐기는 여행은 나름 유익하다. 한 번 더 오고 싶다는 생각이 들면서 돌아오는 여행은 추억처럼 정겨운 곳이다.

기찻길 옆 오막살이
기적 소리
울리고

사상

chapter

02

추억 속의 기억들

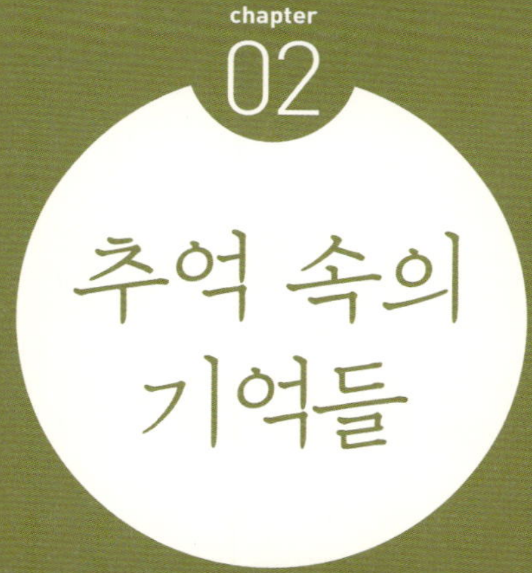

삐삐
주산
성냥
연탄
요강
여인숙
삼문
여인숙
도시락
건빵과 뻥튀기
흑백텔레비전
골목길과 전봇대
의상실과 재봉틀
흑백사진과 필름카메라

chapter 02 삐삐

삐삐Beeper는 호출 수신을 알리는 소리를 따서 부르는 무선호출기의 다른 이름이다.

이두애 글 · 사진

내가 삐삐를 선물 받은 때가 1987년 쯤 20대 초반으로 여겨진다. 모토로라라는 로고가 새겨진 삐삐 무선 호출기를 받았다. 그 당시 선물 중에 가장 멋진 선물로 기억된다. 지금의 초등학생이 스마트폰을 처음 가지는 기분처럼 그때는 최고의 선물이었다. 한 줄의 전화번호가 나타나는 것이 신기하게만 느껴졌다. 잘못된 번호는 에러로 표시되어 나타난다. 지금의 스마트폰에 비하면 흑백물건 같고 둔해 보이는 두께며 기능이 너무나 단순했지만 그때는 최고로 빠르게 연락을 취할 수 있는 수단이었다.

삐삐는 '삐삐' 거리는 신호음 소리를 내서 이름이 삐삐이다. 연락받고자 하는 전화번호를 송신하면 송신한 전화번호를 받은 삐삐는 수신번호가 되어 전화를 걸어오면 통화를 할 수 있다. 휴대폰이 없는 시절이라 집, 사무실, 유선전화나 공중전화 있는 곳으로 달려가 송신을 보내고 받을 수 있다. 급한 연락이면 전화번호 뒤에 8282라고 덧붙인다. 빨리 빨리 연락하라는 뜻이다. 이거 말고도 119, 112 같은 긴급전화 번호를 붙이기도 했다. 좀 장난스럽기는 하지만 당시는 진지한 표현이었다. 뭐니 해도 집 전화가 표시되면 집에 급한 일이 생겨 어머니께서 찾는다고 느껴 빨리 연락을 하곤 했었다.

일정 장소에 여러 명이 있을 때 동시에 삐삐 신호음이 울리면 자기 삐삐인 줄 알고 다 쳐다본다. 요즈음은 전화로 바로 대화를 하지만 삐삐 수신번호를 보고 옆에 전화기가 없으면 전화통화를 하기까지 한 시간 후에 연락을 하기도 했었다. 그래도 느긋하게 기다리고 있었다. 만나기 전까지 연락이 되면 빨랐던 것이다. 알 수 없는 전화번호가 수신되었을 때는 '몇 번으로 삐삐 하신 분 바꿔주세요' 라는 말을 자주 했다. 그러면 '예' 하고 와서 전화를 받는다. 통화를 나누면 어떤 장소에서 통화를 했는지 알 수 있는 것이다. 나름 약속장소에서 연락이 오면 무작정 기다리지 않아도 된다. 삐삐 소리에 마음이 가끔씩 설레던 시절이었다.

그때는 공중전화기 앞에서 줄을 서서 기다리는 경우가 많았다. 삐삐 때문에 연락한다고 공중전화를 많이 이용하기도 했다. 통화를 할 때 시외 먼 거리는 동전을 많이 준비하고 통화한다. 금방 돈을 삼켜버리는 공중전화는 많이 두들겨 맞았다. 통화중 동전이 떨어지면 할 말은 끊어져도 뒤에 만나면 해야지 하고 접어둔다. 삐삐를 남자들은 허리에 많이 차고 다녔고 여자들은 핸드백 속에 넣어 다녔다. 처음엔 검정색 삐삐가 많았는데 시간이 지날수록 칼라가 다양하게 나와 여자들은 예쁜 색을 많이 가지고 있었으며 모양도 다양하게 변했다.

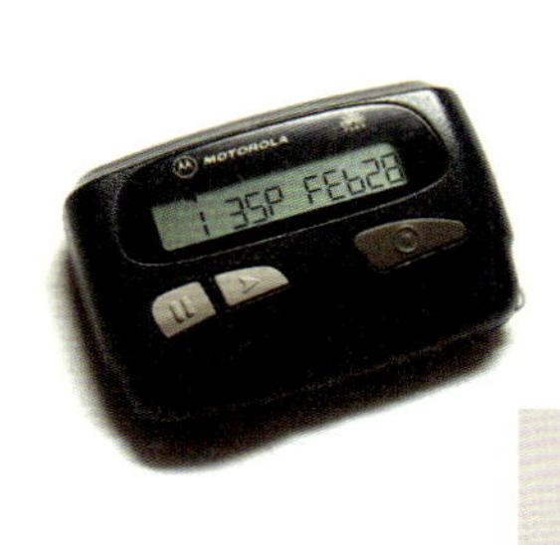

번호를 누르면 그리운 목소리가 들리고……

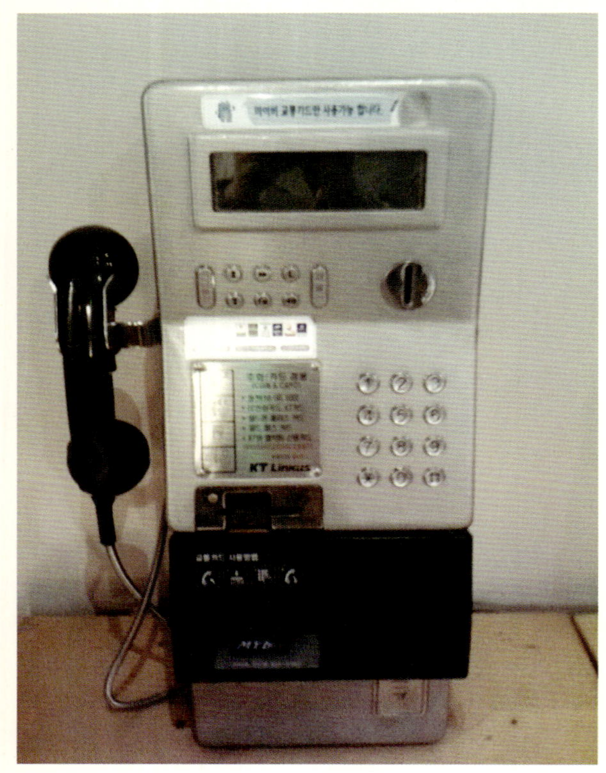

빨래를 할 때 모르고 물에 담가 본 경험도 있다. 그래서 한참 연락이 두절될 때도 있었다. 삐삐의 밧데리는 건전지였다. 건전지를 빨리 교체하면 공중전화 요금이 많이 들었다는 증거다. 하여튼 지나고 보니 삐삐 사용도 여러 에피소드가 있어서 좋은 추억으로 남는다. 집전화도 마찬가지다. 처음 전화사용 상상만 해도 신기했다. 그리고 전화가 있는 집은 주인집이었는데 전화를 바꿔주는 것이 귀찮을 때가 많았을 것이다. 시외전화를 걸 때는 요금이 많이 나와 허락을 해도 눈치를 봐야 했었다. 없는 사람은 없어서 서러울테고 있는 사람은 있어서 귀찮아도 이웃 간의 정이 있었다고 생각된다. 하지만 이제는 서로가 관여하지 않아도 될 만큼 경제적으로 모든 것이 풍부해졌다.

나는 30살까지 삐삐를 가지고 있었는데 휴대폰이 나와 삐삐는 사라지는 물건이 되어 버렸다. 지금 생각하니 그때 삐삐 중에 가장 오래된 것을 간직했으면 색다른 골동품이 될 텐데 하는 생각이 든다. 검은색 옛날 전화기도 그렇다. 휴대폰을 쓰다 보니 집 전화는 잘 사용하질 않는다. 너무나 편리하고 빨리 변해가서 따라 가기가 어떤 경우는 힘들다. 일부 할아버지, 할머니들만 폴더폰을 가지고 계시고 초등학생뿐 아니라 유치원생도 스마트폰을 가지고 있으니 통신 문화의 편리함과 혜택들을 잘 누리고 있다. 우리나라는 어느 나라 못지않게 통신기기의 강국이 되었다.

삐삐가 사라지니 길거리의 공중전화 박스도 사라지고 있는 추세이다. 누군가를 기다리고 연락하는 소통의 연결고리도 변하고 있다. 후에 더 편리한 것이 분명 나올 것이다. 아무리 멀리 있어도 화상 전화를 할 수 있고 거리감도 없이 가까이서 통화하는 기분이다. 한편으로는 너무 변하지 않았으면, 새로운 것이 천천히 나왔으면 좋겠다. 뭔가 삭막해지고 딱딱해지는 기분이 든다. 사람들의 생활에도 적당한 시간과 공간의 여백을 소유한 채 시간이 천천히 느리게 갔으면 하고 바란다.

chapter 02

주산

주판(abacus, 籌板)은 바빌론에서 전래된 계산 도구로 주산珠算이라고도 한다. 오랫동안 상업 활동에 중요한 역할을 해왔으며, 오늘날의 계산기 및 컴퓨터의 모태가 되었다.

이두애 글 · 사진

계산기가 없었던 시절 주산은 어디가나 쉽게 볼 수 있었던 물건이었다. 나의 기억으로는 고등학교가 인문고인지, 실업계인지에 따라 주산을 공부할 기회가 나누어졌다. 상업학교에 가면 주산과 부기를 필수과목으로 공부했다. 기능급수를 따서 성적이 좋으면 취직도 빨리 되는 걸로 알고 있다. 상업고등학교를 졸업한 여학생은 최고의 직장으로 은행원이 되는 것이다. 어릴 적에 은행에 볼일을 보러 가면 행원들의 책상마다 주산이 있었다. 또 한 가지는 돈을 부채 모양으로 펼쳐서 정확하게 헤아리는 기술이 능숙했다. 그래서 계산을 잘하거나 돈을 잘 헤아리면 은행에 다닌다고 생각하면 틀림없을 정도였다. 일일이 손으로 돈을 세어서 손가락 지문이 새까맣게 보였다. 컴퓨터가 나오고 계산기가 나오자 주산은 특별한 곳에서만 볼 수 있었다. 지금의 은행에는 돈 헤아리는 기계도 책상마다 있다. 옛날에 비하면 돈을 계산하고 세는 방법도 쉬워졌다.

주산은 크기며 재질도 시간의 흐름에 따라 많이 변했고 이제는 주변에서 거의 볼 수 없다. 박물관에 가면 시대별로 변해온 주산 모양도 다양하다. 부모님 세대에는 지금의 계산기처럼 소지하고 있었던 물건이라 어릴 때는 어느 집이나 하나씩 보였다. 주산 돌이 미끄러운데 양쪽 발밑에 놓고 방에서 미끄럼 장난을 쳤던 기억이 있다. 미끄러지는 주산 돌의 소리는 놀이기구 처럼 신나는 소리로 들렸다. 몇 년 전만 해도 초등학교 방과 후 수업에 어린이들의 두뇌개발을 위해 인기가 있었는데 지금은 그렇지 않은 실정이다. 옛날에는 주산 학원도 많이 있었다. 주산을 잘하면 수학공부도 잘한다고 열심히 했던 친구들도 있었다.

로마의 주판은 홈이 패어 있어 세로로 적절하게 배열되어 있는 계산 돌을 쉽게 이동할 수 있도록 했다. 오래전에는 철사에 계산 돌을 나란히 꿴 것이 일반적인 형태이다. 중국의 주판은 틀의 위쪽에 있는 2개의 구슬은 각각 5단위를 나타내고 아래쪽에 있는 5개의 구슬은 각각 1단위를 나타낸다. 1단위는 세로로 배열된 숫자상의 서열 중 하나를 말한다. 덧셈을 할 때는 그 숫자만큼의 구슬들을 가로막대 쪽으로 옮겨놓는다. 대형 계산 판의 형태를 지녔던 주판은 중세기에 널리 전파되어 아시아뿐만 아니라 유럽과 아라비아 세계에서도 보편적으로 사용되었으며, 16세

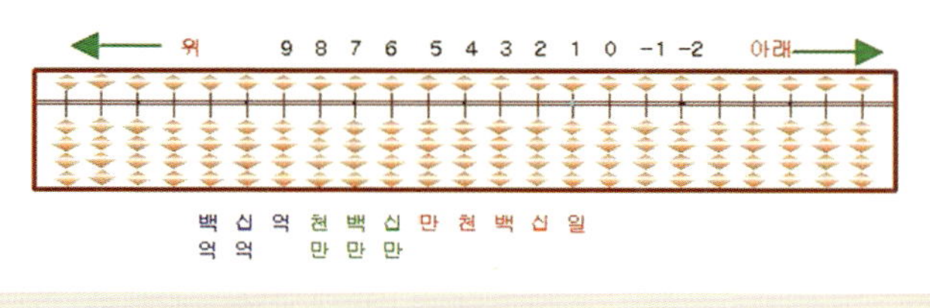

미끄러지는 주산 돌 소리는
놀이기구처럼
신나는 소리로 들렸다

기에는 일본에까지 도입되었다. 주판은 17세기까지만 해도 유럽에서 널리 사용되었고 중동 · 중국 · 일본 등지에는 오늘날까지 남아 있다. 자릿수 및 영zero의 개념과 더불어 도입된 아라비아 숫자 표기는 점차 주판을 대신하게 되었다. 숙련된 전문기능사는 주판으로 수많은 현대의 기계식 계산기와 경쟁할 수 있다.

한국에서 주산 보급이 본격화된 것은 1920년 조선주산보급회가 생기면서부터라고 한다. 그 뒤 보성전문학교가 첫 주산경기대회를 개최한 이후 잇따라 대회들이 열림으로써 그 보급이 활기를 띠게 되었다고 전한다. 광복 이후에는 상업학교의 교육과정에 주산과목이 채택된 데 이어 60년대부터는 정부에서 검정을 실시했고 일반 학교에서도 주산을 특기교육의 하나로 장려했다. 상업계 여학생들은 주산을 넣는 집을 구정뜨개질로 예쁘게 떠서 책가방 한쪽으로 보이게 세워 넣고 다녔다. 주산의 급수는 취직과 연결되어 열심히 공부하는 사람이 많았다.

어떤 식당을 가면 주인이 골동품을 수집해 진열해 놓은 곳이 가끔 있다. 나는 음식을 먹다가 사진을 찍곤 한다. 그 속에 나무 주판이 놓여 있는 걸 보고 만져보고 같이 간 사람들과 주산에 얽힌 이야기를 나누기도 했다. 주판의 모습도 모양도 여러 번 변한 걸로 알고 있다.

이제는 박물관에 가서 주산의 변천을 보고 어떤 아이들은 접해 보지 못한 옛 물건으로 남을 것 같다. 나는 초등학교 6학년 때 주판을 처음 놓아 보았다. 한 줄에 5개의 뾰족한 타원형 돌이 예쁘게 매여 있다. 잠시 배웠지만 잘 놓질 못하고 사용할 기회도 없었다. 내 책상 속에는 추억으로 하나 간직하고 있다.

chapter 02 성냥

나뭇개비나 긴 판지板紙 조각 또는 다른 적당한 가연성 물질을 마찰시켜 발화될 수 있는 물질이 묻어 있는 발화도구이다.

이두애 글 · 사진

성냥을 떠올리니 가장 먼저 떠오르는 슬픈 동화가 있다. 동화를 듣거나 읽으면서 울었던 기억이 되살아난다. 우리가 잘 아는 〈성냥팔이 소녀〉는 한스 크리스티안 안데르센이 1845년 발표한 단편 소설이다. 줄거리는 하얀 눈이 내리는 크리스마스 이브가 배경이다. 선물 보따리를 가득 안고 집으로 돌아가는 행복한 사람들 속에서, 한 소녀가 추위에 떨며 성냥을 팔았다. 하지만 아무도 성냥을 사지 않았다. 성냥팔이 소녀는 엄마 신발을 신고 성냥을 팔러 다녔다. 성냥팔이 소녀가 넘어졌을 때 벗겨진 신발을, 장난꾸러기 소년들이 주워 가 버렸다. 그래서 성냥팔이 소녀는 맨발이 되었다. “성냥 사세요, 성냥 사세요.” 외치는 소리가 맴도는 슬픈 이야기이다. 어릴 때는 누구나 성냥팔이 소녀를 읽으면 자기가 성냥 파는 소녀가 되어 눈물을 흘리었다.

70~80년대는 업소마다 성냥 판촉물이 많았다. 특히 다방이나 식당, 술집에서 만든 홍보용 성냥갑을 모으는 취미가 있었다. 라면박스에 한 박스 모으곤 했다. 성냥갑으로 무엇을 만들어 볼까 궁리도 하다가 모은 것들을 고스란히 모셔 두었다. 대학시절에는 가는 곳마다 기념으로 성냥을 가져와 상자에 모았다. 성냥갑 모양과 색상은 다양했다. 작은 성냥갑의 그림들은 가게 선전을 한몫하는 역할을 하였다. 성냥을 보면 누구와 언제 어디에 가게 되었는지 알게 된다. 장소도 표기되어 있어 어디를 다녀왔는지도 알 수 있다. 작은 성냥갑은 시간이 지날수록 불어나 무엇을 만들어야 할 것 같은 마음이었다. 추억장소들이 상자에 가득 채워져 있었다. 십년 정도 모았던 것으로 여겨지는데 여태까지 간직하지 못한 것이 안타까울 뿐이다.

불은 우리 생활에 꼭 필요한 요소로 지금까지 존재한다. 80년대

BEER HALL
MYUNG JEE
Drink & chat

TEL73-5709
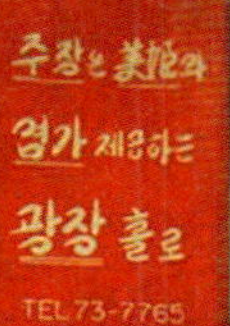
美姬와
염가 제공하는
광장 홀로
TEL 73-7765

명지싸롱

KOREAN RESTAURANT

사교장
광장 카바레
TEL 73-7765

HYANG JIN
TEL (22) 9966
1725
(23) 9966

TEA ROOM
JUNG
TEL.54-1781-1785

唯信化学센타

香
珍

高級茶室
情
TEL.54-1781-1785

唯信化学센타

한국회관
조선호텔앞
2-9550
9292

COFFEE
VENICE

OB
BEER
OB퀸

한국회관
3-5277
2473

純喫茶
베니스

OB
QUEEN
TEL 23-5696
28-5032

오뚜기표성냥
P.R성냥
TEL 2-3544

최소의 값으로
최대의 효과!
광고성냥主文은!
동진광고성냥센타로!
TEL28-9196

다실
덕수궁
전화 28-6588

오뚜기표
뉴슈가
SAFETY MATCHES

現代는 PR時代!
동진광고성냥으로!

Tea Room
Duck Soo Koong
TEL28-6588

는 성냥, 세제, 휴지, 비누가 특히 친구들 집들이 선물로 인기 있었다. 결혼생활이 불 붓고 잘 풀리고 거품이 일고 뭔가 일어나듯 살림이 불어서 일어나라는 뜻을 담고 있는 선물들이다. 무탈하게 잘 살기를 바라는 마음이 들어 있다. 촛불을 밝히는 데는 성냥을 필요로 한다. 성냥과 촛불은 항상 같이 두고 제사 때에 사용한다. 아리랑 성냥갑도 기억나고 붉은 주황색 뚜껑의 신흥성냥을 기억한다. 얼마 전 포장마차 선반에 매달린 신흥성냥을 보면서 소주를 먹은 적이 있다. 한 통을 뜯어 놓으면 제법 오래도록 여러 사람이 요긴하게 쓴다. 비가 와 눅눅해지면 말려서 사용한다.

한국에서는 성냥이 들어오기 전에는 부싯돌을 사용하였다. 소나무를 얇게 깎아서 이 끝에 황을 찍어 말린 것을 화로에 보존한 불씨를 붙여서 발화시키는 방법을 사용했다. 1880년 개화승인 이동인이 일본에 수신사로 간 김홍집과 함께 귀국할 때 성냥을 들여

이두애 글 사진

왔다. 1910년 일본 사람이 인천 · 수원 · 군산 · 부산 등지에 성냥 공장을 세우면서부터 대중화되었으나 비싸게 판매되었다. 8 · 15 해방 후에 우리나라 사람이 최초로 인천에 대한성냥을 비롯해 전국 각지에 소규모 수공업 공장을 세웠다. 성냥은 마찰에 의하여 불을 일으키는 도구로 백양나무, 미루나무 따위의 가늘고 짧은 나뭇개비의 한쪽 끝에 인燐, 염소산칼륨, 이산화망간, 유황, 파라핀을 바른다. 발화가 쉬운 물질을 발랐다. 유리가루, 규사, 규조토 따위의 마찰이 잘되는 물질에 문질러 불을 일으킨다. 1970년대에 자동화시설이 도입됨에 따라 업체의 수는 줄어든 반면 업체 규모는 대형화되었다. 이때 생산된 성냥은 많이 수출했다고 한다. 그러나 자동점화장치의 발달, 라이터 보급의 증가로 수요가 점차 줄어 현재는 사양화되어 가고 있다.

성냥개비로 모양을 만들고 하나만 움직여서 배열을 바꾸는 놀

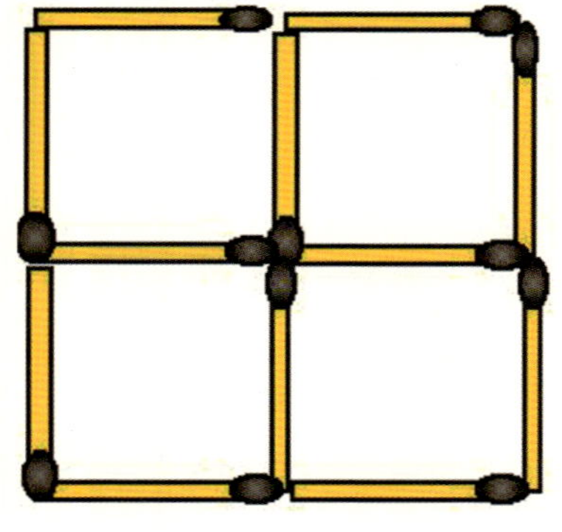

이를 많이 했다. 배열을 바꾸려면 생각을 많이 하는데 빼 버리면 쉽지만 성냥개비 하나를 어떻게 움직이면 완성된다. 수학 교과서에도 어떤 모양에서 세 개의 정사각형을 가지는 배열이 되도록 만들어 보아라하는 문제가 있었던 거 같다. 초등학교 방학숙제로 성냥개비를 이용해 만들기를 많이 했다. 부서질까봐 소중히 다루었지만 개학하는 날 등굣길에 부딪쳐서 망가진 채 검사를 받으면서 울상을 짓곤 했었다. 과제물 우수상을 받으면 교실 뒤쪽 게시판 밑에 한동안 두었다가 집이 가져와서는 텔레비전 위에 장식품으로 올려두었다.

시험공부할 때 잠이 오면 눈에 성냥개비를 끼우는 개구쟁이 학생도 있었다. 성냥의 생긴 모양 때문에 귀청소를 하는데도 사용되었다. 나는 석유곤로에 라면을 끓이기 위해 성냥으로 점화를 하는데 여러 번 불을 붙이다 보니 냄비를 그을린 기억들이 난다. 성냥이 성냥갑에 그어지면서 불꽃이 나게 하려면 적당한 힘이 들어가야한다. 성냥불을 켜는 것조차도 무서워서 겁을 먹는 사람들도 있었다. 어머니는 어린 우리에게 성냥은 만지지 말라고 자주 주의를 주셨다. 성냥 한 통을 엎질러서 다시 주워 담으면 원래대로 가지런히 담지 못했던 일도 있었다. 머리가 붉은 성냥이 앙증스럽게도 보였다. 불조심 포스터에 많이 그렸던 불이 붙은 성냥, 이제는 추억 속의 물건이 되어버렸다.

불씨 하나는 행복하고 따뜻하고 축복하는 수단과 의미로 연결된다. 지금은 라이터가 성냥처럼 쓰이기도 한다. 우리 생활에서 멀어지는 물건이 되어가고 있지만 그 작은 불씨의 중요성은 어떤 형태로든 영원한 것 같다. 슈퍼 진열대에 초와 나란히 진열된 성냥갑에 새삼 눈길이 간다.

chapter 02 연탄

이두애 글 · 사진

초등학생 때 연탄을 머리에 이고 온 기억이 있다. 아버지는 나무로 만든 등짐으로, 어머니는 고무대야에 7장 정도, 난 세숫대야에 2장을 담고 이고 져서 운반했다. 100장을 사면 배달을 해주었는데 그렇지 못할 때는 직접 운반을 했었다. 얼굴에는 연탄장수처럼 연탄가루가 묻어서 서로 웃기도 했었다. 월급을 타서 쌀을 사고 연탄 100장을 들여 놓으면 어머니는 항상 마음이 뿌듯하고 부자가 된 기분이라고 하셨다. 당시 어머니 걱정은 쌀독 바닥이 빨리 보이는 것, 연탄을 쌓아 놓은 높이가 낮아지면 월급 탈 때가 다 되어 가는 날, 이런 것을 걱정하시는 걸 보고 자랐다. 간간이 제사나 집안행사가 있는 날은 옆집에서 돈을 빌리기도 하셨다. 겨울이 되면 서민들은 김장김치 담기와 연탄 걱정이 집집마다 큰 걱정거리였다. 연탄을 방마다 태워야 하니까 겨울은 연료비가 많이 들었다. 연탄과 쌀을 같이 팔고 배달하는 가게가 많았다. 아마 기억에 쌀장사하는 친구 집이 동네에서 제일 부자처럼 보였다.

연탄은 주원료인 무연탄에 코크스 · 목탄 등의 탄화물을 분쇄하여 배합하거나 당밀 · 피치 · 석회 등의 점결제를 혼합해서 성형 · 건조시킨 원통형 고체연료다. 표준연탄 규격이 1호부터 5호까지 있으며 가정용으로는 2호 표준 연탄이 쓰인다. 2호 표준은 원기둥

꼴이며 건조 중량 3.3kg, 높이 20cm, 지름 15cm의 물리적 성질을 가진다고 한다. 안정되고 효과적인 연소를 위해 위아래를 꿰뚫는 22개의 긴 구멍이 뚫려 있다. 구멍이 뚫려 있다고 하여 구공탄, 혹은 구멍탄이라고도 불린다.

연탄을 아껴 쓰는 방법 하나는 음식을 하지 않는 시간, 잠자기 전에 아궁이의 연탄을 갈아 넣는 방법이다. 많이 타버린 연탄을 밑에 놓고 그 위에 새 연탄을 구멍이 꼭 맞게 맞추어 놓는다. 그러면 시간이 지날수록 밑불의 불꽃이 위의 연탄에 서서히 옮겨지는 것이다. 아래서부터 서서히 흰색으로 변하는 것이다. 아껴서 좋은 이유도 있지만 연탄가스를 마시기 때문에 항상 걱정이 되는 부분이었다. 원인은 밤늦게 갈아 넣은 연탄이 연소되지 않아서 가스를 마시는 경우이다. 연탄가스인 일산화탄소를 마신 날 아침은 두통이 심하고 현기증이 심하다. 어머니는 동치미 국물을 마시게 했었다. 어떤 날은 감쪽같이 나아지는 날도 있었다. 아니면 한참을 누워서 나아지길 기다리며 학교를 결석하곤 했었다. 한 반에 여러 명의 친구가 연탄가스로 결석을 한 날도 있었다. 학생들은 대학생활을 시작할 무렵 하숙을 하거나 자취를 한다. 작은 방에 밤사이 가스로 자욱해 가스사고가 종종 났었다. 이 시절의 하숙집 주인 아주머니들은 많이 놀랐다고들 한다. 그러면 주인과의 안타까운 일이 많이 생긴다. 심지어 목숨을 잃은 학생들의 경우가 종종 있었다. 하숙생들을 모두 딸과 아들처럼 잘 돌봐주는 인기 있는 하숙집도 많았다. 연탄을 잘 다루지 못하는 자취생의 부모님들은 걱정되어 자주 왕래를 하셨다.

어머니가 안 계실 때 연탄을 갈아야 했다. 아궁이에서 위의 연탄부터 꺼내고 밑에 연탄을 꺼낸다. 위의 연탄은 불이 조금 남아 있고 아래 연탄은 다 타버린 재이다. 재는 버리고 위의 연탄을 이젠 아궁이 아래에 넣고 위에 새 연탄을 올린다. 연탄구멍을 잘 맞추어야 불이 옮겨 붙는다. 구멍이 잘 맞지 않을 때는 밑 연탄이 비뚤하게 놓인 경우가 많다. 밑불이 새 연탄에 옮겨 붙을 가능성이 없을 때는 연탄과 구멍 개수가 같은 숯(번개탄)을 중간에 넣어 연탄에 불을 붙게 한다. 연탄을 갈고 나면 연탄아궁이의 공기구멍 조절을 잘해 두고 부엌 바닥에 연탄재 없도록 뒷정리도 해야 했다. 나는 일찍부터 부엌일을 하는 것에 익숙해서 연탄도 잘 갈아 넣었다.

연탄집게도 가정에서 쓰는 집게와 연탄가게에서 쓰는 집게가 달랐다. 가게에서 쓰는 집게는 운반용으로 양손에 잡고 연탄을 두 개씩 들어 올린다. 그래서 모양이 집에서 사용하는 한 장을 집는

이두애 글 · 사진

똑같은 모습으로
기다리고
같은 얼굴로
사라지는

일자 집게와 다르다. 연탄집게에 관한 기억 하나 생생하다. 학력고사를 칠 때 어머니께서 마당에 두고서 밟고 가라고 하셨다. 시험을 잘 치라는 뜻으로도 사용되었다. 집게처럼 정답을 집으라는 미신 같은 것이었다. 성적은 어머니 정성에 미치지 못해 얼마간 미안해했었다. 생활도구가 때로는 마음의 용기와 위안을 주는 물건으로 사용되었다.

연탄은 검정색이 최고의 색임을 강조하고 반질반질하게 높이 쌓여 있었다. 화장실 벽면, 창고, 부엌 한쪽 벽면에 서 있다. 연탄을 둔 벽면이 비어 있을 때는 연탄 그림이 그려져 있다. 그러니 사용한 개수를 쉽게 알 수 있어 연탄이 없어졌을 때는 옆집을 의심하기도 한다. 반면에 다 타버린 연탄은 본분을 다한 듯 뜨거운 삶을 마감한 창백한 표정이다. 담벼락이나 밭에 쌓여 있다가 구덩이가 생긴 길에 두고 발로 잘게 부셔 버린다. 길을 가다가 발로 연탄재를 차본 경험들이 있을 것이다. 화가 났을 때 부딪치면 많이 찼었다. 비를 맞은 연탄재는 무겁고 스스로 부서지기도 했다. 연탄재 모습은 젊음을 뜨겁게 태우고 나면 하얀 백발이 되어 거리에 나앉은 노인의 모습을 닮았다. 마지막까지 쓸모 있는 생으로 옮겨가고 싶어 담벼락에 며칠을 기대어서 기다리고 있었다.

연탄이 들어갈 아궁이는 연탄 크기보다 조금 크다. 집을 지을 때 부엌에 연탄아궁이를 방마다 만들어 두었다. 공기가 들어가 연탄을 태울 수 있도록 아궁이에 구멍도 만들어 두었다. 이 구멍에 공기를 조절하는 마개를 끼워 두었다. 경상도 사투리로 불문이라고 하는데 작은 구멍이 여러 개 뚫려 있다. 불문 마개를 잊어버리면 부드러운 헌옷, 양말 같은 걸로 공기를 조절하여 불문을 막아 둔다. 어떤 때는 고양이나 개가 헌옷이나 양말을 빼내어 깔고서는 아궁이 옆에 자고 있다. 그래서 밤새 방이 뜨거운 적도 있었다. 불문의 구멍을 많이 열면 방이 뜨끈하고 연탄이 빨리 타 버려서 새벽에는 연탄불이 꺼졌다. 다음 날 어머니께 강아지는 두들겨 맞으면서 깽깽거렸다. 혼이 난 강아지는 꼬리를 감추기도 했다.

지금은 보기 쉽지 않지만 곰장어나 국화빵 같은 것은 연탄아궁이를 별도로 만들어 길거리에서 굽는다. 백 원에 10개를 주었던 어린 시절 국화빵은 서민의 필수 간식이었다. 관광지나 재래시장에 가보면 연탄아궁이에 곰장어를 굽는 냄새가 지나가는 사람들을 잡는다. 소주 안주에 최고인 꼼장어는 연탄불 위에 석쇠를 놓고 굽는 것이 맛이 최고다. 특히 부산 자갈치나 부전동 시장이 유명하다. 지금은 가격도 비싸고 옛날에 비하면 귀한 음식으로 변해 버렸다.

이[illegible]애 글 · 사진

한적한 외길이었다. 주말도 아닌데 도로에 차가 밀린다. 이유를 알고 보니 연탄을 가득 실은 트럭이 언덕길을 힘들게 올라가고 있었다. 뒤를 따르는 고급 승용차들도 경적을 울리지 않고 느리게 따라가고 있었다. 지금은 연탄이 필요 없는 집들이 대부분이지만 모두가 옛날에는 연탄을 피우고 살았다. 아마 뒤따르는 차들은 한 번쯤 연탄을 추억했을 것이다. 느리게 뒤를 따라가면서 어린 시절 연탄을 운반할 때의 힘든 기분을 떠올려 보았다. 연탄재 함부로 발로 차지 마라. 너는 누구에게 한번이라도 뜨거운 사람이었느냐…… 연탄 시인 안도현 선생님의 시가 생각난다.

너에게 묻는다

안도현

연탄재 함부로 발로 차지 마라
너는 누구에게 한번이라도 뜨거운 사람이었느냐
반쯤 깨진 연탄
언젠가는 나도 활활 타오르고 싶을 것이다

나를 끝닿는 데까지 한번 밀어붙여 보고 싶은 것이다
타고 왔던 트럭에 실려 다시 돌아가면
연탄, 처음으로 붙여진 나의 이름도
으깨어져 나의 존재도 까마득히 뭉개질 터이니
죽어도 여기서 찬란한 끝장을 한번 보고 싶은 것이다
나를 기다리고 있는 뜨거운 밑불 위에
지금은 인정머리 없는 차가운, 갈라진 너 몸을 얹고
아래쪽부터 불이 건너와 옮겨 붙기를
시간의 바통을 내가 넘겨받는 순간이 오기를
그리하여 서서히 온몸이 벌겋게 달아오르기를
나도 느껴보고 싶은 것이다
나도 보고 싶은 것이다
모두들 잠든 깊은 밤에 눈에 빨갛게 불을 켜고
구들장 속이 얼마나 침침하니 손을 뻗어 보고 싶은 것이다
나로 하여 푸근한 잠자는 처녀의 등허리를
밤새도록 슬금슬금 만져도 보고 싶은 것이다

chapter 02 요강

이두애 글 · 사진

1996년은 내가 결혼을 한 해이다. 요강이 필요 없는 가옥 구조들도 많았겠지만 나의 친정은 화장실이 마당에 있는 집이었다. 결혼을 하고 신행을 갔을 때 친정어머니께서 우리 부부가 자는 방에 요강을 넣어 주셨다. 중매로 3개월 만에 결혼을 한 사이라 서로를 잘 알지도 못했고 어색한 것들이 많았다. 한밤중에 소변을 보면 가까이서 그 소리를 서로 다 듣게 된다. 여태 요강을 사용하면서 제일 부끄럽고 불편하게 볼 일을 본 것으로 기억된다. 행여 방귀까지 나오면 난처한 일이었다. 그래서 옛날 여자들은 요강에 소리 나지 않도록 부드러운 목화씨를 넣어 두었다고 한다. 요강속의 목화씨는 소변 소리를 죽이는 역할을 했다. 옛날 친정어머니들은 시집가는 딸을 위해 요강에도 세심한 배려를 해주셨다. 지금은 옛날 물건으로 남아 있고 시골에서 나이 드신 어른들이 가끔 사용하는 물건이 되어 버렸다.

요강尿綱은 오줌을 누는 그릇이다. 놋쇠나 사기 따위로 조그만 단지처럼 만든 것으로 보통 방에 두고 쓴다. 일반적으로 방에 두고 오줌을 받을 수 있게 만들어 놓은 그릇을 가리킨다. 특히 궁중에서는 '지' 라고 불렀으며 그 밖의 방언으로 오강이 있다. 요강의 종류도 가마요강, 옹기요강 등 다양하다. 재질은 놋, 알루미늄, 사기, 스텐, 플라스틱으로 여러 가지가 있었다. 색상은 청잣빛, 백자

빛으로 은은하고 뚜껑까지 있어서 앙증맞게 생겼다. 1970년대 까지는 혼수품목에 꼭 들어 있었던 물건이다. 어쩌면 여자가 직접 골라야 할 신부들의 필수품인 듯하다. 현대식 집 구조에는 거의 쓰이지 않으나 시골 장터에서는 간간이 파는 것을 볼 수 있다. 한국뿐 아니라 북아메리카, 영국, 프랑스, 필리핀 등 다른 나라에서도 요강처럼 생긴 용기가 사용되었다. 처음에는 사기로 만든 요강이었다. 무겁고 깨져 버릴까봐 조심스럽게 다루어야 한다. 세월이 지나니 스텐 요강도 나왔지만 언제부터는 사라지는 물건이 되었다.

한국의 한옥이나 보통 집들은 뒷간(화장실)이 밖에 있다. 늦은 시간에 화장실을 들르는 것이 쉽지 않았다. 보통 요강은 마루나 방에 두고 잔다. 자다가 소변이 하고 싶으면 마루로 나가서 소변을 본다. 문 여는 소리에 깨서 소변 누는 소리를 듣게 되는데 가족 중 누가 볼일을 보는지 소리로써 알 수 있다. 가끔은 소변을 보고 있는데 오빠가 나오면 놀라서 어쩔 줄 몰라 다 보지 못하고 옷을 올려 버린 적도 있었다. 동생은 무섭다고 내가 소변을 보고 있으면 나와서 기다렸다가 동생도 소변을 보고 같이 방에 들어간다. 겨울에는 현관 유리문이 흔들리면서 바람 소리를 내면 무섭기도 했었다. 이불 속에서 자다가 나왔고 마룻바닥에는 불이 들어오지

마루나 방 안에
두고 사용했던
요강들

않는 곳이라 발이 시려 덜덜 떨면서 볼일을 보곤 했었다. 자다가 내복차림으로 소변을 보았던 어린 시절이 있었다.

소변을 보는 방법은 남녀가 다르다. 여자는 앉아서 보기 때문에 요강과 엉덩이가 닿는 부분이 차갑다. 남자는 무릎을 구부려 볼일을 봄으로써 무릎이 차갑고 시선은 요강을 보면서 눈다. 식구들이 오줌을 많이 본 날은 내가 오줌을 누면 요강의 오줌이 넘쳐 버릴 것 같아 조금만 누고 참았던 기억도 있다. 어떤 날은 요강의 오줌이 많아 엉덩이에 닿을 때도 있었다. 어머니 같으면 다음 사람을 생각해서 요강을 자다가도 비워 두시는데 나는 그러지 못했다. 아침에 요강이 놓였던 주변은 좀 지저분할 때도 많았다. 특히 겨울에 이런 경우가 많이 생겼다. 또 아침에 자고 나면 내가 요강을 비우는 당번이기도 했다. 어떤 날은 가득 채워져 있어 무겁고 손에 묻을까 봐 엉거주춤 들다보면 엎지른다. 요강의 오줌을 비우기 싫어 짜증이 날 때도 많았다.

오줌이 깨끗한 날은 밭에 거름을 하기 위해 모아 두는 거름통에 부어 두어야 한다. 부울 때 나는 악취는 어린 나를 힘들게 했었다. 비우는 동안 숨을 몰아쉬고 오줌이 튀지 않게 조심했었다. 요강의 소변을 비우고 물을 가득 담아 수돗가에 놓아둔다. 해가 지면 수

세미로 씻어 마루나 방에 갖다 둔다. 요강을 집안에 들여놓아야 잠자리에 들 준비가 다 된 것이었다. 혹시 잊고 그냥 이부자리에 누워 있다가 요강을 씻어서 마루에 가져다 둔 기억도 난다. 그런데 겨울에는 손이 시려서 좀 하기 싫은 일이었다. 요강을 깨면 야단을 듣기 때문에 정말 조심스럽게 신줏단지 모시듯이 다루었다.

요강처럼 조심히 다루어야 할 물건이 하나 더 있다. 안방의 모서리 선반(시렁)에 올려둔 신줏단지(시준단지)이다. 쌀을 넣어두고 정성을 들이는 곳이다. 가끔씩 새로운 음식을 단지 밑에 두거나 햅쌀이 나오면 단지의 쌀을 바꾸어 넣기도 한다. 어머니의 정성이 고스란히 담긴 구역이었다. 우리 집뿐만 아니라 신줏단지가 있는 집에서는 재물이 들어오면 가장 먼저 신줏단지 앞에 놓았다가 사용하고, 별식이 있거나 햇과일이 있어도 단지 앞에 둔 후 먹는다. 조금이라도 부정하거나 정성을 기울이지 않으면 집 안에 탈이 난다고 생각하는 것이다. 조상들의 생활 풍습이 지금도 이어지고 있는 일면이다.

얼마 전 독거노인 집에 간 적이 있다. 방 안에 뚜껑이 덮인 스텐 요강이 놓여 있었다. 할머니의 거동이 불편하시기 때문에 요강이 필요했다. 나의 어린 시절 추억으로 여겨지는 물건이지만 할머니

께는 필요한 생활도구였다. 어떤 사람에게는 소중한 생활용품으로 지금까지 사용된다. 한 물건이 어떤 사람에게는 평생 사용하는 도구가 되기도 하고 또 어떤 이에게는 한때 사용했던 추억으로 남는다. 사라지고 새로 생기고 변하는 물건들이 사람에 의해서 변하고 보관된다. 지금의 아이들은 박물관이나 책을 통해서 간접경험을 하는 물건이 되었다.

요즈음은 보온이 잘되는 창호에 찬바람을 느낄 수 없는 아파트에서 생활을 많이 한다. 차가운 요강에 앉아서 볼일을 볼 기회가 없다. 변기에 앉아 있는 내 모습이 마치 요강 위에 앉은 신행 때의 모습으로 오늘밤 꿈에 나타날 것만 같다.

chapter 02 여인숙

여인숙旅人宿은 규모가 작고
숙박료가 싼 여관

이두애 글 · 사진

30년 전에 여인숙에서 처음 자 보았다. 숙박부에 주소를 적고 이름을 기록했다. 홍천에 군복무를 하고 있는 오빠 면회를 가서 아버지, 어머니, 오빠, 그리고 나 이렇게 한 방에 자본 기억이 난다. 어머니는 아들 좋아하는 반찬을 해서 한 끼 먹이려고 준비해 가셨다. 휴대용가스렌지, 냄비, 음식재료, 양념까지 준비하셨다. 여인숙 방 안에서 양은냄비에 밥을 하고 찌개를 끓여 먹었던 기억이 난다. 그 당시 군대 면회를 가면 여인숙 방바닥에 주방이 차려진다. 군인시절 오빠에게는 면회, 휴가날이 어머니가 해주신 따뜻한 밥을 먹어보는 날이었다.

화장실 하나, 방 하나로 이루어진 여인숙은 문을 열고 닫을 때마다 삐걱거리는 소리에 잠을 쉽게 이룰 수 없었다. 옆방의 문소리도 다 들렸다. 겨울이라 방 안에 있어도 바람에 창문이 흔들리면서 스산했다. 이불에는 무슨 향인지 모를 냄새로 좀 역겹기도 했었다. 지퍼가 달린 비키니 옷장이 반쯤 열려 있는 게 기억난다. 어머니는 아들의 자는 모습을 보며 밤을 새우신다. 세면대 수도꼭지도 돌려서 사용하는 것이었다. 아침에 일어나 세수를 하는 물이 차가웠던 기억이 난다. 군부대 주변의 여인숙은 군인들과 가족들이 많이 이용해서 다른 군인들과 가족들도 볼 수 있었다.

여인숙은 작은 규모의 숙박업소로 여관보다 방값이 싸다. 그 당시는 남녀가 자러 갈 때는 숙박부에 이름도 주소도 다르게 적었다고 한다. 비밀스럽게 데이트를 할 수 있는 곳이었다. 오래된 골목을 가끔씩 지나칠 때 여인숙 간판을 아직 볼 수 있는 정겨운 곳도 있다. 옛날 여인숙 했던 집을 개조해 식당으로 운영하는 집을 가 보았다. 정말 둘이만 누울 수 있는 작은 방이었다. 작은 창에 문종이가 발려 있고 방안 벽에는 큰 대못 몇 개가 툭 튀어 나와 있었다. 고르지 않은 벽에는 이름이 섞인 낙서들이 그림과 같이 그려져 있었다.

외딴섬에 낚시를 갔을 때 흔히 볼 수 있는 '자는 방 있음', 도시근교 골목에는 '월세방 있습니다' 라는 문구를 종종 보았다. 이제는 가끔 볼 수 있는 여인숙 표지판 앞에 한참 서 있기도 했다. 옛날 같으면 부끄러워 힐긋 볼 뿐인데 사라지는 모습들 앞에 머무르는 것이 습관처럼 되어버렸다. 어딘가에 서민적인 순수한 이야기와 끈끈한 정들이 묻어 있다. 지금은 어떤가! 외진 곳을 가야 여인숙은 간간이 보인다. 이름도 여인숙에서 여관, 모텔로 변하고 있다. 요즈음은 유흥가나 한적한 곳에 현란하고 웅장

이두애 [illegible] 사진

한 모텔들이 쉽게 눈에 들어온다.

예전에는 신춘문예 시절이 다가오면 여인숙에 장기 투숙해 작품을 썼다고 한다. 여인숙들은 달방, 장기 방 있다고 대문 옆에 붙여 놓기도 했다. 그래서 신춘문예 봉투에 보내는 사람의 주소들이 여인숙 주소로 많이 적혀 있었다고 한다. 2~3평의 작은 방에서

이두애 글 · 사진

혼자만의 작품을 외롭게 창작하고 그랬었다. 고립되어 절실하게 견뎌온 아픔이 작품으로 승화되었던 것이다.

지금은 매년 1월 1일에 일간신문사에서 신인 작가의 작품을 뽑는 행사인데 옛날에는 봄마다 뽑는 행사였는지 신춘문예新春文藝로 지금까지 내려오고 있다.

그 시절 여인숙은 막차를 놓치면 어쩔 수 없이 자는 곳으로 많이 이용했었다. 혼자는 외롭고 무섭겠지만 좋아하는 사이라면 더욱 멋진 추억을 만들 수 있는 곳이다. 겨울은 겨울대로 여름은 여름대로 느낄 수 있는 온기들이 두 사람의 관계를 가깝게 한다. 방음이 잘되지 않아 옆방의 이야기 소리도 잘 들린다. 한 번쯤 사랑하는 사람과 결혼 전에 여인숙을 다녀왔음 하는 추억이 있었으면 더욱 좋을지도 모르겠다. 내가 아는 친구는 밤새 자지 못하고 이야기만 하다 나와서 너무 피곤했다는 이야기를 들려주었다. 젊은 시절 이런 경험도 없는 것이 더 허전하다고 살짝 느껴진다.

목련여인숙

박완호

한 봄밤이었다 막차를 놓치고 찾아든 여인숙, 판자대기 꽃무늬

벽지로 엉성하게 나뉜 옆방과

천장에 난 조그만 구멍으로 반반씩 나눠가진 형광등 불빛이 이쪽저쪽을 오락가락할 때, 나는

김수영을 읽거나 만나려면 조금 더 기다려야 했던 백석을 꿈꾸며 되지도 않는 시를 끄적거리다가

갑자기 불이 꺼지고 시팔, 속으로 투덜대며 원고지를 접고는 이내 곯아떨어졌을 텐데, 잠결에 들려온

옆방 여자가 내는 소리가 달밤의 목련꽃처럼 피어나는 걸 숨죽여 듣다가 그만 붉게 달아오른 꽃잎 하나를 흘리고야 말았지

아침 수돗가에서 마주친 여자는 낯붉히며 세숫대야를 내 쪽으로 슬며시 밀어주는데 나는 괜히

간밤 그녀가 흘려보낸 소리들이 내 방에 와선 탱탱하게 부풀었던 걸 들키기라도 한 듯 덩달아 붉어져서는

내 쪽에 있던 비누를 가만히 그녀 쪽으로 놓아주었다

이 시는 여인숙에서 보낸 시인의 하룻밤이 멋진 시로 탄생했다. 김수영, 백석 시인을 생각하면서 시를 짓고, 가까이서 들린 옆방 여자 소리에 목련여인숙을 창작했다. 앞으로 더욱 좋은 시를 많이 발표할 것 같다. 지극히 원초적이어서 끌리는 시이다. 단편드라마의 줄거리 같기도 하다.

이제는 아이들도 나를 찾지 않을 나이다. 나도 혼자만의 공간에 고립되고 싶을 때 외딴섬의 여인숙을 찾을 것이다. 이제는 무섭지 않을 듯하다. 며칠을 돌아다니면서 해가 저물면 잠잘 곳을 찾고 그곳의 음식들도 먹고 마을 사람들과 이야기도 나누고 싶다. 게다가 멋진 글도 남길 수 있기를 기대하고 희망한다.

chapter 02 도시락

이두애 글 · 사진

도시락을 하루에 두 개 까먹어도 배고픈 시절이 있었다. 고등학교 시절은 학교매점에서 샌드위치도 사먹고 도시락까지 먹었다. 쌀밥 도시락, 보리쌀이 섞인 도시락도 기억난다. 한때는 혼식을 권장해 쌀밥만 싸가지고 온 학생은 선생님께 꾸중을 듣기도 했다. 뭐니 해도 도시락 반찬 기억이 많이 난다. 김치 국물이 새어 나와 책과 노트가 젖어 한동안 김치 냄새가 가방에 가득했다. 새지 않고 고급스러운 반찬은 그 당시에 소시지, 계란말이 물기 없는 마른반찬이다. 소시지가 사실 반찬이 안 되어도 먹어 봤으면 하는 생각을 많이 가졌다. 우리 어머니는 김치와 오뎅을 같이 식용유에 볶아서 해주셨는데 최고의 도시락 반찬이었다. 목마르지 않고 짭짤한 게 맛있었다. 점심시간에 여럿이 도시락 반찬을 나눠 먹으면 여러 가지 반찬을 맛볼 수 있었다.

한때 유행한 도시락 먹는 방법이 있었다. 도시락밥을 조금 먹다가 그 안에 남은 반찬을 넣어 흔들어 먹는 방법이다. 요상하게 간이 맞고 맛있는 비빔밥이 되었다. 반 아이들의 도시락 흔드는 모습도 여러 가지였다. 그러다가 엎질러버리는 친구도 있었다. 도시락이 없는 친구를 위해 도시락 뚜껑에 반 친구들이 밥 한 숟가락씩 모아서 같이 먹기도 했다. 이제는 급식이 학교에 정착해서 이런 풍경이 사라진 지 오래다. 소풍을 가는 날의 김밥은 세상의 어떤 밥보다 맛있는 밥이었다. 도시락 이야기를 하는 이 순간 입에서 침이 고인다.

추억의 도시락

반기룡

직사각형 똬리 튼
지붕 안에서 추억이 스멀거린다

고추장 김치 계란말이 콩자반
서로 부대끼며 뒤범벅으로
얼씨구 지화자 좋다 얽히고설켜서

책보와 더불어 뒤에 매달고
신나게 달리던 배고픔의 해결사

땡땡땡
종소리 끝나기 무섭게
깊은 터널 하나 뚫는다

터널 속에 웅크리고 있는
냄새 하나하나 끄집어내다 보면
금세 허무에서 희망의 기분으로 바뀌고
달가닥 달가닥 소리 귀청을 찢는다

그 소리엔 온갖 도시락에 얽힌 애환이
새싹처럼 아장아장 눈 비비며 돋아난다

도시락은 어머니의 숨결이었다
도시락은 어머니의 정성이었다
도시락은 까먹는 즐거움이었다
도시락은 추억과 낭만의 상징이었다

알류미늄 도시락에서 스텐도시락, 플라스틱으로 변해왔다. 도시락 뚜껑의 그림들

도 아이들이 좋아하는 캐릭터 이미지로 변해왔다. 여학생들은 작으면서 모양이 예쁜 도시락을 선호했다. '도시락'은 '도슭'에서 온 말이다. 이 '도슭'의 모양새는 '동고리'(고리버들로 동글납작하게 만든 작은 고리)와 같았던 것으로 추정되는데, 〈현풍곽씨언간〉(17C)에 있는 '당슭'과 상관있는 말로 판단된다. '당슭'이란 이 말은 지금도 경상 방언에 '당새기', '당시기' 등으로 남아 있다. '당새기'는 가는 대나무 조각 따위를 엮어 만든 뚜껑이 있는 상자로서 음식, 반찬, 떡 등을 담아 보낼 때 쓰는 것이므로 현대국어의 '도시락'과 유사한 것이다. 밥을 담기 위해 플라스틱이나 얇은 나무판자, 알루미늄 등으로 상자처럼 만들어 쓰는 그릇 또는 거기에 반찬을 곁들인다.

도시락 밥 위에 계란 프라이를 해서 얹어 오는 친구는 부잣집 친구였다. 그 당시는 계란반찬이 고급에 속했다. 겨울에는 도시락을 학교 난로에 데워먹기도 했지만 잠깐의 시간이었다. 그 후에 보온밥통이 나왔는데 보온밥통에 밥을 싸온 친구의 밥은 김이 올라왔지만 알류미늄 도시락의 밥은 차가워서 한 숟가락 먹으면 덜덜 떨면서 끝까지 먹기도 했다. 그것도 점심을 못 싸오는 친구에 비하면 행복했다. 급식으로는 샌드위치와 우유가 나왔는데 부잣집 친구들은 한 달분씩 신청을 해서 먹었다. 친구가 왜 우유를 받

학생과 도시락
난로와 도시락
딸그락 정겨운 소리

아먹지 않느냐고 물었는데 사실은 돈 때문에 우유를 먹지 않았다. 그때 우유를 먹지 않아서인지 나는 성인이 되어서도 처음엔 우유를 먹지 못했다.

도시락은 어머니의 정성이 꾹꾹 담겨 있다. 아침에 일어나 보면 부뚜막에 도시락이 6개씩 쌓아져 있었다. 아침에 어머니는 도시락을 준비하시느라 한때는 많은 고생을 하셨다. 반찬통도 6개이다. 김치가 빠지지 않는 것이 도시락 반찬의 묘미이다. 도시락을 열면 나는 밥 냄새는 그 어떤 냄새보다 기분을 좋게 했다. 어머니는 애틋한 마음으로 간식을 먹지 못하는 자식들을 위해 밥을 많이 담아 주셨다. 책가방에 담아서 가는 동안에는 무겁기도 하고 책가방 한쪽이 따뜻했다. 불청객 김치 국물과 다른 반찬이 섞여서 지저분해진 도시락을 경험한 친구들도 있을 거다. 학교에서 돌아오면 도시락 설거지가 장난이 아니었다. 어머니를 도우기 위해 깨끗이 씻어서 두었다.

엄마가 되어서는 아이들 소풍을 갈 때 김밥을 준비해 주었다. 내가 어머니께 받아본 도시락 기쁨을 지금의 아이들은 알지 못한다. 요즘은 김밥 종류도 다양하고 도시락 가게들도 많다. 그래서 소풍날 가게에서 김밥, 주먹밥, 초밥을 사간다. 어머니 도시락에 사랑과 정성이 많이 들어갔음을 새삼 느낀다. 가을소풍에는 하나뿐인 엄마표 도시락을 만들어 주고 싶다.

chapter 02

건빵과 뻥튀기

이두애 글 · 사진

초등학교 들어가기 전까지 집에서 많이 먹어본 간식으로 기억이 난다. 아버지 월급날에 큰 봉지로 사오셨다. 어머니는 그것을 다락방에 올려두고 우리들에게 간식으로 주셨다. 스텐 밥그릇에 반쯤 담아주시면 우리 형제들은 보리차를 건빵이 잠기도록 부어 건빵이 불기를 기다렸다가 숟가락으로 떠먹었다. 물에 불린 건빵을 먹고 나면 배가 빨리 불러온다. 마른 건빵을 한입 가득 넣고 오물거리면서 목이 메인 경우도 있었다. 모양도 색깔도 지금의 과자모양처럼 예쁘고 화려하지 않았지만 간식으로 인기 있었다.

가끔씩 슈퍼에 가면 건빵을 사온다. 옛날 그 맛은 아니지만 추억을 떠올려 보고 싶었다.

지금은 보리건빵, 검은콩건빵, 검은깨 등 종류가 다양하다. 건빵은 배꼽처럼 2개의 구멍이 나 있다. 건빵이 구멍이 두 개인 이유는 이렇다. 건빵을 만드는 과정에서 건빵이 터지지 않게 하고, 다른 납작한 비스킷과 모양을 다르게 하기 위해서라고 한다. 구멍이 하나밖에 없으면 부풀어 터져 버리거나 배가 볼록한 빵이 되기 때문에 적당하게 두 개인 것이다. 이렇게 만들어진 건빵을 장난스럽게 이로 반으로 나누어 먹은 적도 있다. 중간부분이 텅 비어 있어 잘 나누어진 것 같다.

건빵Hardtack은 과자의 한 종류인 비스킷이다. 이름에 빵이 들어가 빵류로 혼동되는 경우가 많다. 주로 군용으로 소비되었고 처음 생산되었을 때에는 끓여서 죽처럼 먹었다고 한다. 딱딱하게 구운 네모꼴의 밀가루 과자로 휴대하기 편하며 오래 보관할 수 있어 군대의 비상식량으로 많이 쓰였다. 한입에 넣을 수 있는 크기와 적은 수분은 휴대성과 보존성이 용이하다. 건빵은 열량에 비해 배도 부르고 열량도 높으니 전투식량으로 보급하고 쌀가루를 포함하여 만든 쌀 건빵을 보급하고 있다고 한다.

건빵은 밀가루에 효모를 첨가하여 오랜 시간 발효시킨 뒤에 섭씨 150도 정도의 고온으로 구워낸다. 이 과정에서 수분은 거의 다 증발한다. 깨나 흑미, 현미 등을 첨가한 경우도 있다.

건빵 봉지 안에는 건빵의 맛을 더해주는 별사탕이 들어 있었다. 보통 건빵 봉지 속에 따로 조그만 봉지에 싸여 함께 들어 있었다. 건빵 먹을 때 하이라이트이다. 목이 마를 경우 별사탕을 먹으면

침이 생기고 단맛이 느껴지는 게 더욱 좋았다. 이 맛 때문에 건빵을 좋아하기도 했다.

건빵의 역사를 조금 알게 되었다. 1940년경 한국에는 일본인이 많았는데 제빵업, 과자를 만드는 사람도 있었다. 그 공장에 취직했다가 한국 사람이 일본인들이 하는 것을 보고 배웠는데 해방 후에는 일본인들이 모두 다 일본으로 돌아갔다. 그 당시 이순택이라는 사람이 그 기계를 다루거나 과자를 만드는 공정을 알았다고 전한다. 한국 전쟁이 발발하자 북한 인민군이 쳐들어왔을 때, 서울에 공장이 있어 도망가지 못한 이순택은 인민군의 협박으로 건빵을 만들었고 그들에게 건빵이라는 식량을 보급했다고 한다.

주말에 고속도로 휴게소에 꼭 등장하는 뻥튀기는 심심풀이로 먹기에 좋다. 남녀노소 잘 먹는 쌀 과자이다. 쌀 한 숟가락이 열에 의해 부풀려져 얼굴 크기만 한 맛있는 쌀 과자가 되었다. 무엇보다 달지 않아 물리지 않고 많이 먹을 수 있다. 빨리 부셔 먹다 보면 옷에는 하얗게 가루가 묻어 있다. 연이어 입으로 들어간 뻥튀기를 거의 한 봉지를 먹고 나면 입이 까칠해진 느낌이 든다. 손으로 뜨으면서 어떤 모양을 만들어 먹기도 했다.

명절이 가까워지면 동네 어귀나 시골장터에 가면 아직까지 뻥튀기 기계를 볼 수 있고 박상을 튀기는 것을 볼 수 있다. 뻥하고 터지는 소리에 놀란 경험이 더러 있다. 그곳 주위 사람에겐 뻥튀기 아저씨는 예고를 하고 구령을 부치면서 박상을 터트린다. 연기와 함께 어수선한 순간이 물러가면 따뜻한 박상을 정부미 쌀자루에 담으면서 맛볼 수 있다. 박상기계는 동그란 사탕 모양의 용기를 일정시간 달군다. 기다란 박상을 받는 망태기, 쌀을 담는 깡통이 특이하다. 명절 때 줄을 서서 쌀이나 강냉이, 콩을 튀긴다. 튀긴 것을 그냥 먹기도 하고 조청을 묻혀 강정을 만들어 먹었다.

아이를 키울 때 아이 간식으로 애용했다. 얼굴을 가리면서 아이의 울음을 달래기도 하면서 같이 먹었다. 어른이 되어서도 뻥튀기를 여행 중에는 거리에서 자주 접한다. 가볍고 담백하고 고소한 맛 때문에 물리지 않는다. 옆 사람에게 나눠주기도 쉽다. 그러고 보니 삼 대가 뻥튀기의 추억을 가지고 있는 오래된 쌀 과자이다. 보름달처럼 둥글고 흰 모양 때문인지 변덕스럽지 않고 어딘가에 서민적인 향수가 감돈다.

chapter 02 흑백 텔레비전

이두애 글 · 사진

대한민국은 1966년 금성(현 LG)이 흑백 텔레비전을 최초로 만들어서 시험 방송했고 당시 KBS, MBC, 동양방송(1980년에 폐지돼 KBS2로 승계)이 유명한 방송사였다.

텔레비전에 누군가 꼭 들어 있을 것 같은 어릴 적 기분이 다시 살아난다. 흑백텔레비전은 자바라처럼 생긴 문이 달려 있다. 브라운관을 보호하기 위해서인지 텔레비전을 보지 않을 때는 먼지가 묻을까봐 꼭 닫아둔다. 특히 새로 텔레비전을 산 집은 재산목록 1호쯤으로 소중히 여긴다. 텔레비전 위에는 장식품 하나 정도는 꼭 올려져 있었다. 우리 집에는 유리관 안에 들어 있는 못난이 3형제 인형을 올려두었다. 텔레비전이 있었던 집의 아주머니는 약간의 텃새도 부렸다. 자기 집에서 텔레비전을 보고 가는 이웃들 때문에 편하게 쉴 수도 없고 가족들만의 오붓한 시간도 가질 수 없었다. 가고 나면 방청소를 다시 해야 하기 때문에 귀찮은 일이었다. 평소에 잘 지내두는 것이 미움을 덜 받는다.

이두애 글 · 사진

흑백텔레비전 원리는 발신 측에서는 휘도 신호(Y신호)를 전송하고 수상기에서는 주사선 526개(미합중국 기준이고 여타 국가는 달랐을 수 있다)와 다른 동기신호를 사용하고 비월 주사하여 브라운관에 화상을 나타낸다. 흑백텔레비전은 이제 주위에서 볼 수 없는 골동품이 되었다.

흑백텔레비전을 볼 당시에 인기가 있었던 프로그램은 김일 씨름선수가 나오는 레슬링 프로이다. 어떤 곤경에 있어도 박치기를 해서 이기는 장면이다. 역시 김일 선수라고 말하면서 김일 선수는 내 기억으로 패한 경우가 없었던 우상이었던 시절이 있었다. 비실이 배삼룡 개그맨은 자꾸만 실없이 넘어졌다. 연속극 청실홍실, 대학가요제 등이 기억에 생생하다. 대한 뉴스도 모두가 기억하고 있을 것이다. 방에서 이십 명 정도가 옹기종기 앉아서 텔레비전을 보았다. 누가 고개를 들면 뒤에 앉은 아이는 안 보인다고 불평을 하기도 했다.

방학에는 텔레비전이 있는 친척집으로 가서 한 달 동안 실컷 보고 온다. 여름에는 모기에 물려가면서 겨울에는 생고구마를 깎아 먹으면서 보았다. 함민복 시인의 〈흑백텔레비전 보는 저녁〉이 떠오른다.

흑백텔레비전을 보는 저녁

함민복

이제부터 네 스스로 음식을 섭취해라
어머님이 여며주신 생명의 단추
굶주린 배꼽을 움켜잡고
아직도 흑백 주제에 무엇을 이겼다고
V자 안테나를 머리에 이고 있는
흑백텔레비전을 철커덕 틀면
돈가스를 먹을까, 아냐. 설렁탕을 먹을까,
아냐. 아냐. 소화가 안 되니 굶지 뭐.
(이때 모델은 회전의자를 획, 돌려 등을 보인다
그리고 텔레비전 화면에 가득 차는 음식들)
꼴깍.
굶주린 나에겐 좀처럼 소화가 안 되는
88올림픽 공식 소화제 선전을 보고 있노라면
내 속에서 김동인이 꿈틀거린다
숟가락이 닳았다

텔레비전을 켜면 검은 바탕이 회색으로 바뀌면서 찌지직거리며 정전기 소리를 내어야만 화면이 나타난다. 리모컨이 없어 손으로 채널을 하나씩 돌렸다. 흔들림이 심하고 텔레비전이 잘 나오지 않는 날은 거침없이 지붕으로 올라간다. 한 사람은 방 안에서 한 사람은 지붕 위에서 안테나를 돌려보면서 화면이 잘 나오도록 주파수 방향을 맞춘다. 특별한 기술이 없어도 옥상이나 지붕 위에 올라가 소리를 지르면서 '나오나' 하면 '조그만 왼쪽으로 돌려봐' '됐다' 하고 대답하는 것이다. 이렇게 해도 잘 나오지 않으면 나란히 있는 옆집 안테나를 움직이면 어떤 이유에서인지 우리 집 텔레비전이 나오기도 한다. 또 한 가지 방법은 텔레비전을 치는 것이다. 가장자리를 때리면 화면이 잘 나오기도 했었다. 참 신통한 방법이었다.

안테나가 아직 그대로 보이는 어느 산골 마을도 있었다. 슬레이트 지붕 위에 안테나가 그대로 있어 정겨움이 고스란히 남아 있었다. 라디오 · 텔레비전 등의 전파를 송수신하기 위해 공중에 세우는 도선 장치로 난시청 지역에 꼭 필요한 것이다. 회색빛 알루미늄 재질에 사다리 모양을 닮았다. 1970년 초에는 17인치 금성텔레비전이 부의 상징이었다. 옥상이나 지붕 위를 보면 저 집에 텔레비전이 있는지 없는지 알 수 있었다. 방에서 안테나까지 연결된 전선 모양의 검은 선은 집집마다 창문 틈으로 나와 있었다. 집에

텔레비전이 있은 뒤로 가까이 보면 눈이 나빠진다고 멀리서 보길 타일렀다. 공부 안 하고 본다고 야단도 종종 들었다. 맨 처음 텔레비전 보았을 때 브라운관 두께를 보면 그 속에 무엇이 들어 있을 거라는 생각을 했다. 브라운관 터진다고 벽에 붙이지도 않았고 뜨거우면 열을 식히고 조심해서 다루었다. 이제는 모양도 크기도 많이 변하고 흑백이 아닌 컬러이다.

컬러텔레비전 방송은 1980년 12월 1일 시작되었다. 컬러텔레비전의 역사도 34년이 되었다.

텔레비전이 참 많이 변해왔다. 우리나라에서 만드는 텔레비전은 세계 수준급이다. 지금은 날씬한 화면이 더 날씬해지는 추세다. 너무 많이 변하여 보는 기능뿐 아니라 스마트 기능들로 편리한 점이 많아지고 있다. 바보상자라고 이야기 많이 한다. 부수적인 사회현상, 문제들을 지적한다. 텔레비전을 너무 지나치게 보면 모든 걸 따라하게 되고, 빠져들면 보는 사람이 손해를 보게 되어 바보스럽게 보인다. 우리 집 거실에는 브라운관이 있는 컬러텔레비전이 자리를 차지하고 있다. 언젠가는 벽걸이 텔레비전이 걸린다 해도 어릴 적 흑백텔레비전 보는 것처럼 신나지 않을 듯싶다.

chapter 02

골목길과 전봇대

이두애 글 · 사진

골목길은 큰길에서 갈라져 나와 마을 안이나 집들 사이로 이리저리 나 있는 작은 길이다. 미로 같은 60~70년대의 골목길 풍경에는 바늘과 실처럼 전봇대가 항상 같이 있다. 전깃불이 오지 않으면 전봇대의 전선이 복잡하게 얽혀 있어도 어느 집 전깃줄인지 쉽게 찾아 한전 직원이 해결하곤 했었다. 골목길일수록 전봇대의 전선은 거미줄처럼 늘어져 있었다. 가끔씩 오래된 골목길을 보면 어릴 적 살았던 전봇대 많았던 좁은 골목길이 생각난다.

골목길 전봇대는 둥근 몸통이 누더기 옷차림이다. 빈틈없이 광고지가 더덕더덕 붙어 있었다. 지금은 그 시절만큼 흔하게 붙어 있질 않지만 전봇대는 광고 게시판 역할을 톡톡히 했었다. 광고비 들이지 않고 직접 이용하고 소식을 찾을 수 있는 곳이다. 글씨들도 다양해서 잘 쓴 글씨가 돋보였다. 급매, 전세방, 하숙집, 간첩신고, 일숫돈, 구직광고들이 가장 많이 붙어 있었던 걸로 기억한다. 가끔씩 술 취한 사람들이 소변을 보아 악취가 나고 땅바닥은 얼룩이 그려져 있었다. 비스듬히 기울어진 전봇대는 넘어질까 봐 두렵기도 했었다. 전봇대의 이미지를 나타내는 재미있는 시이다.

中華料理
東亜飯店
동아반점
中華
한일다방
T.354-2023
274-1

이두애 글 · 사진

발걸음이
느려지는 그곳
주인이 누구인지

전봇대

권주열

전봇대는 전세방이다
전봇대는 달셋방이다
전봇대는 급전이다
전봇대는 구인이다
전봇대는 구직이다
전봇대는 모집이다
전봇대는 급매다

이 모든 것들에
전류가 흐르고
불이 켜지길!

골목길 풍경은 대문마다 개조심이라는 글씨를 붉은색으로 많이 적어두었다. 담을 넘어서 도둑들이 가끔 집으로 들어왔다. 담 위쪽에는 철사나 유리병을 깨어서 뾰족하게 박아 놓아 도둑이 넘어오지 못하게 만들었다. 도둑을 잡기 위해서 집집마다 개들도 많이 키웠다. 골목을 지나칠 때 개들은 주인 발자국 소리는 알아듣는데 낯선 발자국 소리에는 짖는다. 한 마리가 짖으면 동네 개가 모두

짖어 시끄럽고 소란했던 경우도 많았다. 대문 바깥으로 머리를 내밀고 짖는 개들도 있었다. 무심코 지나다 정말 혼이 났다. 명절에 제사를 지내고 집집마다 대문 앞에 약간의 음식을 놓아둔 모습도 골목의 이색적인 풍경이었다.

담벼락에는 연탄재 버려진 모습이 층층이 쌓였다. 하얗게 타버린 연탄구멍이 선명하게 드러나 있다. 누가 지나가다 연탄을 발로 차버린 골목은 지저분하다. 벽마다 우스꽝스런 낙서로 도배가 되어 있는 골목도 있었다. 벽 속의 이름을 보면 근처에 누가 살고 있는지도 알 수 있다. 또 누가 누구를 좋아한다는 낙서가 제일 많았다. 여름에 골목을 지날 때 등목을 하는 풍경도 간간이 보았다. 그리고 낯선 골목길을 벗어나야 집에 갈 수 있을 때 그 골목길은 미로처럼 벗어나기가 힘들 때도 있었다. 달이 없는 골목길이나 가로등 불이 꺼진 골목길을 갈 때는 뒤따라오는 발자국 소리에 무서워 줄행랑을 친 경험도 있었다.

추억을 살리는 맥락의 일환으로 어떤 지역에서는 관광 상품으로 골목길을 예술거리로 많이 변화시키고 있다. 언젠가부터 '골목' 이라는 것이, 그저 동네의 어느 한 후미진 곳이 아니라 이야기가 있고 추억이 있는 하나의 문화거리로 자리 잡았다. 대구 대봉

동 방천시장 주변에서 고 김광석이 어린 시절 자랐다는 사실이 알려지면서, 젊은 작가들이 모여 김광석 벽화와 조형물을 단장했다. 수성교부터 대봉교까지 이어지는 신천 길을 따라 김광석의 벽화가 그려져 있다. 골목길 곳곳마다 있는 작은 스피커에서는 김광석의 음악이, 그의 목소리가 흐른다. 골목마다 발걸음 멈추게 하는 추억의 물건과 작가들이 자그마한 가게를 임대하여 직접 작품을 만들고 전시와 판매를 하고 있다.

밀양에서도 이문열 작가의 대표작 〈우리들의 일그러진 영웅〉의 배경인 밀양초등학교를 떠올려 삼문동 둔치길(밀양교 입구에서 삼문 송림까지)을 '이문열 거리' 로 만들 계획이 확정되었다. 이문열 작가의 밀양은 1958년에서 1961년 사이, 초등학교 4년부터 중학교 1학년에 이르기까지의 추억이 고스란히 담긴 길이다. '내 꽃 피는 유년의 뜨락' 같은 곳이라면서 얼마 전 이 길을 걸으면서 어린 시절 추억을 회상하고 가셨다. 대하소설 〈변경〉, 이 소설 일부도 밀양을 배경으로 한 걸로 알고 있다.

골목길은 결코 어두운 곳이 아니다. 많은 것들이 숨어 있는 사색의 공간이다. 님의 방 창문에 불이 켜지면 그림자만 보아도 기분이 좋았던 시절이 있었다. 창문으로 얼굴을 내밀어 대화를 하고 물건을 주고받았던 추억이 있다. 아직도 옛날 풍경들이 남아 있는 골목에는 정겨움이 남아 있다. 전국적으로 테마가 있는 문화의 거리가 많이 생겨나서 추억이 새롭다.

chapter 02

의상실과 재봉틀

이두애 글 · 사진

중학교 때 가정 수업시간 바느질을 배우기 위해 처음으로 재봉틀에 앉아 보았다. 윗실과 밑실, 북, 북집, 노루발 같은 명칭들이 중요한 재봉틀의 구성요소이다. 재봉틀의 돌아가는 소리만 들어도 선생님은 박음질 간격이 맞게 잘 되었는지 알 수 있다고 하셨다. 옛날 어머니들은 손수 천을 재단해 옷을 만들어 입어서 재봉틀을 사용하실 줄 아신다. 마음대로 원하는 디자인을 만들어 입었다. 커튼을 비롯한 수예품을 잘 만드는 여성들은 살림도 잘하는 규수처럼 보였다.

재봉틀은 천 또는 가죽 등의 재료를 꿰매는 데 사용하는 기계로 보통 바늘과 북(밑실을 감은 실톳을 넣어두는 조그만 쇠통)이 달

려 있으며 인력 · 수력 · 전기력으로 구동驅動된다. 초기의 재봉틀은 가정용 기계였으나 후에 중요한 공업기계가 되었다. 초기의 재봉틀은 1841년 프랑스의 바르텔미 티모니예가 프랑스 군대의 군복을 대량생산하기 위해 제작했다고 전한다. 브라더 미싱이 가정용으로 많이 보급되었다.

초등학교 시절도 교복을 입었지만 중학생이 되면서부터 교복을 맞춘다. 나의 몸 치수를 재는데 교복점 주인은 3년 동안 입을 수 있도록 넉넉하게 치수를 재었다. 그 당시 옷 중에 가장 비싼 옷이 교복이었다. 결과적으로 몸에 옷을 맞추었지만 신기하게 3학년이 되어서야 교복이 몸에 딱 맞아 보기 좋았다. 요즘처럼 부모님 몰래 교복을 줄여 입는 경우는 극히 드물었다. 나의 고등학교 시절은 교복, 두발 자율화가 되어 교복을 입고 싶어도 입질 못했다. 내가 입고 싶었던 허리 잘록하게 들어간 교복을 입어보지 못하고 졸업하게 되었다. 다시 교복이 부활되어 지금의 학생들은 교복을 맞추는 게 아니라 기성복처럼 잘 만들어진 교복을 몸에 맞는 걸로 구입한다.

사회생활을 시작할 때 의상실에서 나의 체형에 맞게 옷을 맞춰 입었다. 부산진 시장에 가서 천을 떠서 의상실에 가져가 원하는 스타일로 직접 만들어 입었다. 책자를 보고 이렇게 만들어 달라고 주문을 한다. 치수를 재고 일주일 후에 가봉을 해서 나의 몸에 꼭 맞게 맞춘다.

봄에 입는 분홍색 투피스였는데 한참 동안 잘 입고 다녔다. 옷맵시나 바느질 솜씨가 좋으면 어디서 한 것인지 소문이 나 소개를 해준다. 똑같이 친구와 같은 모양으로 옷을 만들어 입었는데도 이상하게 입는 사람에 따라 분위가 다르다. 체형이 비슷해 보여도 많이 다른 인상을 준다. 약간의 신체치수가 달라도 옷맵시는 크게 달리 보이는 것 같았다.

나는 아가씨 때 입었던 롱코트를 장롱에 아직 보관하고 있다. 지금 유행에 상관없이 입으려 해도 30년 전 옷을 쉽게 입을 수 없었다. 그냥 보관이 하고 싶어서 장롱 한구석에 걸어 두었다. 그 시대의 유행을 알 수 있고 디자인, 질감, 나의 체형을 알 수 있다. 메이커 상표처럼 의상실 이름과 전화번호가 주머니 안쪽부분에 달려 있다. 제일모직이란 로고와 울마크도 옷의 격을 나타낸다. 덤으로 이름까지 새겨 두었다. 아꼈던 물건은 쉽게 버리지 못하는 버릇이 많이 남아 있다. 당시는 너무 세련된 디자인이었는데 지금은 투박하고 무겁고 촌스럽기까지 하다.

이두애 글 · 사진

옷감 위를
지나가는 소리에
색실들이 그려지고

양복점도 마찬가지다. 1970년대까지만 해도 남자들은 양복을 맞춰 입었다. 양복점이나 의상실이 밀집한 골목들은 번화가에 있었다. 양복점이나 의상실 주인은 가위를 다루는 솜씨가 월등히 능숙했다. 다림질 솜씨도 일품이었다. 양복점이나 의상실을 50년 이상 한곳에서 하면서 몇 대가 대를 이어가는 집도 있다. 유명인이 단골인 집은 가격도 만만치 않았다. 그나마 동네 의상실이나 수선집에서 옷을 만들면 좀 저렴했다. 80년대부터 기성복이 많이 나오기 시작하면서 메이커 옷가게들이 골목을 이루었다. 자연히 의상실, 양복점들이 서서히 줄어들었다. 이제는 간판도 찾아보기 힘들어졌다. 의상실 바닥에는 천 조각이 널려 있고 돌아가는 재봉틀 소리, 무겁게 생긴 다리미 이제는 보기 드문 모습이다.

지금은 의상실, 양복점이 없어지고 옷수선 집이 많이 생겼다. 옛날 옷도 고쳐 입고 새 옷을 키나 팔 길이에 맞게 고쳐 입는다. 수선은 구형을 신형으로 고치고 재봉틀로 말끔하게 박음질할 옷을 맡긴다. 요즘 학생들은 폼 나게 교복을 많이 줄여 입는다. 옛날에는 집집마다 재봉틀이 거의 있어 어머니께서 줄여 주셨다. 무릎이 닳은 부위는 내가 좋아하는 모양의 아플리케를 해서 새 옷처럼 만들어 주셨다. 의복은 날개라고 말한다. 새것도 좋지만 내 몸에 맞아 편하고 단정히 입을 수 있으면 좋다. 옷수선 가게 주인들은 예전에 의상실을 경영한 사람들이 많다고 한다.

갑자기 옷의 솔기가 터지면 어설픈 바느질 솜씨를 가끔은 부린다. 재봉틀로 박지 않아도 되는 것들은 직접 손으로 박음질한다. 반짇고리를 앞에 두고 바느질하는 동안 스스로 차분해지는 느낌도 받는다. 시집올 때 마련한 바느질 당서기(반짇고리)이다. 바늘과 실이 있어 우리 의생활은 잘 박음질되어 건강과 품위를 유지시켜 준다. 변해가는 의생활 문화도 추억 속에 다양하게 기억되고 있다.

chapter 02

흑백사진과 필름카메라

이두애 글 · 사진

실물의 형상을 검은빛의 농담濃淡만으로 나타내는 사진, 필름카메라는 렌즈를 통해 빛을 받아들여 감광물질感光物質이 입혀진 판이나 필름 위에 영상을 맺히게 한다. 렌즈를 사용하여 필름 또는 건판에 사람이나 물체의 영상을 담는 기계

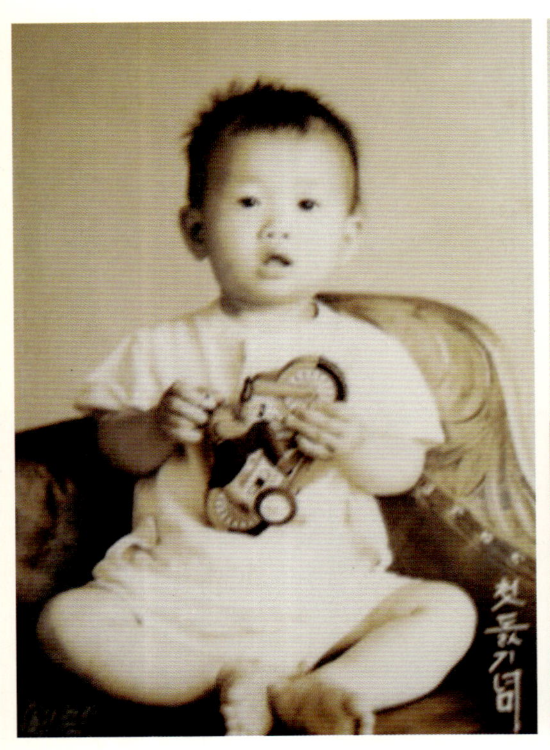

내가 가지고 있는 흑백 사진은 어릴 적 첫돌 사진 두 장이다. 큰맘 먹고 사진관에서 찍어주신 부모님의 첫 선물이다. 동생은 첫돌 사진이 없다고 부모님께 원망을 하기도 했었다. 어릴 때 기념사진을 언젠가 코팅해서 두었다. 그대로 두면 사진이 빨리 해질 것 같아서 잘 보관해 두고 싶었다. 초등학교 졸업앨범은 담임선생님과 우리 반 70명이 몇 줄 서서 찍었는데 흑백사진과 잘 어울리는 이미지이다. 단체사진 교복차림은 흑백만 나타나 있다. 배경도 흰색과 검정색의 농도로 온화하고 요란스럽지 않다.

초등학교 소풍을 가면 사진을 찍는 사진사가 따라다녔다. 그때 흑백사진과 컬러사진이 공존했다. 한 포즈를 꼭 두 번씩 찍었던 기억이 있다. 눈을 감는 사람, 움직이는 사람에게 고루 기회를 준 것 같다. 중학교, 고등학교 소풍 갈 때는 일회용 카메라를 많이 사용했다. 사진기가 있는 친구에게 사진 한 장 찍어달라고 부탁하는 친구들이 많았다. 부잣집 아이들이 간혹 카메라를 가져와 찍다가 잃어버리기도 했었다. 필름 카메라를 쓰다가 필름을 잘못 넣거나 갈아 넣을 때는 찍었던 사진을 한 장도 건질 수 없었던 기억이 난다. 코닥, 후지필름 상품들이 있었다. 24장, 36장까지 찍을 수 있는 종류가 있었고 인하를 많이 하면 필름 한 통을 덤으로 주었다.

어린 시절 사진이 없다고 부모님께 여쭤보면 먹고살기 바빠서 사진은 찍을 수 없었다고 하신다. 사진은 가정 형편에 많은 영향을 받았다. 사진 크기도 작은 것에서 큰 것으로 가격 차이를 두었다. 시간이 지나서 정리된 앨범 속의 흑백사진이나 초창기 컬러사진을 보면 그 당시 모습이 어색하기 그지 없다. 당시에는 최고로 세련되었는데 시간의 흐름으로 인해 훈훈한 흑백배경으로 다가온다. 짧은 앞머리 핑클파마는 부풀어서 엉망으로 보이는데 그때는 굵은 웨이브가 좋았다. 흰 셔츠에 검은색 치마가 당시는 평상복이지만 화이트 앤 블랙이 지금 보니 깔끔한 세련미가 있다.

사진을 찍을 때마다 줄어드는 필름 개수를 알 수 있다. 필름이 다 되면 새것으로 필름을 직접 교체해서 찍어야 했다. 빛이나 물이 들어가지 않게 잘 교환하는 것이 중요하다. 필름 통에 넣어 찍은 것과 새것을 구분해야 한다. 그 당시 사진관이 지금보다 많았던 걸로 기억된다. 사진관 윈도우에 진열된 사진은 지나가는 사람들이 부럽게 보곤 했었다. 현상을 해서 봐야 하고 사람 수만큼 현상해서 나눠 주었다. 그래서 때론 분주한 곳이었다. 누군가 사진을 찍어서 주면 정말 반가운 선물이 된다. 그 당시 작은 카메라 하나 소유하고 있으면 인기도 있고 가끔 빌려 달라는 사람도 있었다. 지금은 휴대폰으로 자기 모습까지 잘 찍을 수 있고 여러 명이 동시에 사진을 보관할 수 있다.

지금 우리가 쉽게 사용하는 디지털 카메라는 필름 없이 전자 센서를 이용하여 영상을 감지하여 그 영상 정보를 JPEG, TIFF, Raw 포맷, GIF 등의 디지털 이미지 파일 형식이나 MPEG, DV,

MJPEG 등의 디지털 동영상 파일 형식으로 저장하는 사진기를 말한다. 동영상 촬영이 주요 목적인 카메라는 “디지털 비디오 카메라”, 정지 영상 촬영이 주요 목적인 카메라는 “디지털 스틸 카메라”라고 부른다. 보통 디지털 카메라라고 하면 주로 “디지털 스틸 카메라”를 일컫는다. 사진관이나 현상이 굳이 필요하지 않고 이미지를 컴퓨터에 담아 두어 여러 번 사용할 수 있어 편리하다.

추억의 대명사는 사진이다. 순간을 포착했지만 그 속에는 표정, 나이, 마음, 모든 것을 알 수 있게 압축한 것이다. 사진 속의 나는 언니, 오빠 옷을 물려받아 입었고 생활형편까지 파악할 수 있는 증거물이 되어버린 종이 한 장을 본다. 부잣집에는 사진을 많이 찍었지만 옛날 어른들은 먹고살기 바쁜데 사진 찍을 겨를이 없었다고 말한다. 당시에는 특별한 기념일 날만 찍어도 사진이 많은 정도이다. 지금처럼 수시로 찍어서 고르고 자기 사진이 마음에 들

지 않다고 불평도 못 했다. 사진은 가족 수를 알 수 있는 기록의 대표수단이기도 하다. 시골의 안방이나 대청마루에 가족사진, 손자들 사진이 나란히 한 줄로 걸려 있다. 자주 보지 못하는 자식들을 사진으로 본다. 가족의 구성원이 이 집은 어떻다는 게 다 나타나 있다. 남자 아이들은 사진을 찍을 때 아랫도리를 벗겨놓고 찍은 것이 대부분이다. 남아선호 사상이 심한 우리나라는 사진에서도 남아가 우선인 걸 볼 수 있다. 그 아이들이 자라서 자기 사진을 보면서 쑥스러운 미소를 짓는다. 그러면서 속으로 잘생겼다고 흐뭇해하는 사람도 있다.

사진은 특별한 기념이 되고 나이를 정지시켜 둔 현상물이다. 요즘에는 옛날 사진 공모전을 많이 갖는다. 100년 이상 오래된 명소 사진은 자료로도 가치가 있다. 빛바랜 흑백사진들이 궁금증을 풀어주는 역사가 되는 것이다. 사진을 보고 유추하며 추억하는 여유를 새롭게 즐긴다. 현재의 모습도 잘 간직한다면 뒤에는 행복한 추억이 된다. 사진은 예술분야에서도 화려하고 아름다운 창작예술로 다양하고 세련되게 변화하고 있다.

여기에 소개된 1950년대의 빛바랜 사진 2장은 밀양강 추억찾기 사진 공모전에서 우수상을 받은 사진이다. 사진 한 귀퉁이에 있는 독사진의 주인공은 시아버지시다. 오래된 앨범의 추억을 떠올려 보는 기회가 되었다. 아기 손바닥만 한 사진을 확대한 것이다. 당시의 포토존이 되었던 영남루와 밀양교의 옛 모습이 잘 나타나 있고 교복과 의복의 변화를 알 수 있다. 내가 소장하고 있는 사진 중에 가장 오래된 사진으로 간직하고 있다. 사진은 과거와 현재, 미래를 다 공존하는 이야기를 품고 있다. 시간과 같이 세월 속으로 유유히 흐르고 있다.

이두애 글 · 사진

흑백추억

1쇄 찍은날 | 2014년 11월 11일
2쇄 찍은날 | 2015년 12월 10일

지은이 | 이 두 애
펴낸이 | 오 하 룡

펴낸곳 | 도서출판 경남
주 소 | 창원시 마산합포구 몽고정길 2-1
연락처 | (055)245-8818~9/223-4343(f)
전자메일 | gnbook@empas.com
출판등록 | 제567-1호(1985. 5. 6.)
편집팀 | 오태민 | 심경애 | 구도희

*이 책은 경남문화예술진흥원으로부터 제작비를 지원받았습니다.

ISBN 978-89-7675-940-5-03810

〔값 13,000원〕